문장이 써지면 이 영문법은 OK!

바빠 영어 시리즈
손이 기억하는 훈련법

E&E 영어 연구소, 이정선 지음
William Link 원어민 감수

바쁜

3·4학년을 위한

빠른 영문법

초등 영문법 ①

영어가 막 써져!

이지스에듀

E&E 영어 연구소의 대표 저자

이정선 선생님은 YBM시사, EBS 등에서 출간된 100여 종이 넘는 영어 교재 개발에 참여하였고, 초등, 중등, 고등학생을 대상으로 한 영어 학습 프로그램도 개발한 영어 학습 전문가이다. EBS 고등학교 영어 교재도 개발하여, 최근의 입시 영어 경향도 잘 이해하고 있다. 집필 도서로는 《바쁜 5·6학년을 위한 빠른 영문법》1권, 2권과 《바쁜 5·6학년을 위한 빠른 영작문》, 비상교육의 《알찬 문제집》중학 1, 2, 3학년용 등이 있다. 전국 최대 규모의 영어 학력 평가인 'Yoon's BEFL Contest'와 '해법영어 경시대회(HEAT) 올림피아드' 등 초등학생과 중학생을 위한 다수의 영어능력 평가 문제를 출제했다. 중앙대학교 영어영문과를 졸업하고 숙명여자대학교 교육대학원 TESOL을 이수했다.

E&E 영어 연구소는 쉽고 효과적인(easy & effective) 영어 학습 방법을 개발하는 연구소이다.

원어민 감수자

윌리엄 링크(William Link)는 미국 플로리다 주립대에서 문학 석사 과정을 마쳤으며, 현재 안양외국어고등학교에서 영어를 가르치고 있다.

'바빠 영문법' 시리즈

바쁜 3·4학년을 위한 빠른 영문법 – 초등 영문법 1

초판 1쇄 발행 2019년 7월 30일
초판 9쇄 발행 2024년 9월 10일
지은이 E&E 영어 연구소 이정선　　　　　　　　원어민 감수 William Link
발행인 이지연
펴낸곳 이지스퍼블리싱(주)
출판사 등록번호 제313-2010-123호
주소 서울 마포구 잔다리로 109 이지스 빌딩 5층(우 04003)
대표전화 02-325-1722　　　　　　　　　팩스 02-326-1723
이지스퍼블리싱 홈페이지 www.easyspub.com　이지스에듀 카페 www.easyspub.co.kr
바빠 아지트 블로그 blog.naver.com/easyspub　인스타그램 @easys_edu
페이스북 www.facebook.com/easyspub2014　이메일 service@easyspub.co.kr

기획 및 책임 편집 조은미, 정지연, 이지혜, 박지연, 김현주　교정교열 이수정　문제풀이 서포터즈 이홍주
표지 및 내지 디자인 이유경, 정우영, 손한나, 김용남　일러스트 김학수　전산편집 트인글터　마케팅 라혜주
인쇄 보광문화사　영업 및 문의 이주동, 김요한(support@easyspub.co.kr)　독자 지원 오경신, 박애림

'빠독이'와 '이지스에듀'는 등록된 상표명입니다.
잘못된 책은 구입한 서점에서 바꿔 드립니다.
이 책에 실린 모든 내용, 디자인, 이미지, 편집 구성의 저작권은
이지스퍼블리싱(주)과 지은이에게 있습니다. 허락 없이 복제할 수 없습니다.

ISBN 979-11-6303-094-2 64740
ISBN 979-11-6303-097-3 (세트)
가격 12,000원

이지스에듀는 이지스퍼블리싱의 교육 브랜드입니다.
(이지스에듀는 학생들을 탈락시키지 않고 모두 목적지까지 데려가는 책을 만듭니다!)

"손으로 익히는 최고의 문법책!"

공부법 전문가, 영문과 교수, 명강사들이
적극 추천한 '바쁜 3·4학년을 위한 빠른 영문법'

A powerful textbook stocked full of practical and engaging language lessons. 《Quick Grammar for busy students in grades 3 and 4》 provides all of the tools necessary to build a solid foundation in both written and spoken English.

이 강력한 교재는 실용적이고 매력적인 언어 수업으로 가득 차 있습니다. 이 책은 영어 쓰기와 말하기의 튼튼한 기초를 쌓는 데 필요한 모든 도구를 제공합니다.

William Link 윌리엄 링크(안양외고 영어교사)

처음 보는 문법은 거의 없지만 정확하게 아는 문법은 얼마나 될까요? 문법의 생명은 정확성이기에 대충 안다는 느낌이 문제가 됩니다. 읽기에 필요한 문법은 대충 넘어갈 수 있지만 쓰기에 필요한 문법은 정확해야 합니다. 쓸 수 없거나 써도 틀린 문장이 됩니다. 필수 문법만을 골라 쓰기에, 쉽고 빠르게 실력으로 연결하는 지름길! 바로 이 책입니다.

박재원 소장(행복한공부연구소)

영문법은 연습을 통해 기본을 탄탄히 해 주어야 합니다. 그런 점에서, 《바빠 영문법》은 손으로 쓰며 익히는 최고의 문법책입니다. 기계적으로 채우는 문장이 아닌, 두뇌를 깨우는 훈련 문장으로 초등 3, 4학년도 몰입하며 스스로 깨닫게 되는 바빠 영문법! 적극 추천합니다.

김진영 원장(연세어학원 청라캠퍼스)

영어는 말하고 써 보는 '출력' 중심의 훈련이 효과적입니다. 이 책은 연필 잡고 문장을 써 보며 두뇌를 활성화하는 훈련으로 가득 차 있네요. 또 전 단계에서 배운 내용을 자연스럽게 반복시켜 주는 학습 설계도 단연 돋보입니다.

문단열 교수(영어강사, 전 성신여대 영문학과 교수)

이 책은 어려운 문법 용어를 배제하고, 뼈대를 잡는 주요 문법 훈련에만 집중하여 3학년, 4학년이 공부하기에 적합합니다. 또한 나선형 커리큘럼으로, 앞에서 배운 내용을 복습하며 진도를 나갈 수 있어 한 번 배운 영문법이 오래 기억에 남도록 설계되었네요. 막힘없이 진도를 나갈 수 있어 공부방이나 학원에서 교재로 쓰기에도 아주 좋겠습니다.

허성원 원장(허성원어학원/YBM잉글루 인창2학원)

시중에 수많은 초등 영문법 책은 어려운 문법 용어가 많아 영문법을 처음 접하는 초등 3, 4학년에게는 어려웠습니다. 이 책은 쉬운 설명과 내용 이해를 극대화해 주는 삽화, 충분한 영문법 훈련 문제까지, 문법을 처음 배우는 초등학생 입장에서 세심하게 배려되었네요. 3, 4학년에게 좀 더 쉽고 효과적으로 영문법을 가르쳐 줄 수는 없을까 늘 고민해 왔는데, 그 해답을 찾았습니다.

이현희 원장(시흥 Links English Club)

드디어 나왔다! 3·4학년 맞춤 영문법 책!

영어가 막 써진다! 손이 기억하는 영문법 공부

하나, 기본 문형과 초등 필수 영단어를 사용했어요!

시중에 좋은 영문법 책은 많지만, 3·4학년이 공부하기에는 너무 어려웠다고요?

이 책의 기본 문장은 3·4학년 수준에 맞춰 초등 필수 영단어를 사용했어요. 기본 문형으로만 구성했고, 어려운 문법 용어는 최소로 사용해 어렵지 않아요! 영문법을 처음 접하는 3·4학년도 문법을 쉽게 이해하고 완벽하게 익힐 수 있는 맞춤 책입니다.

둘, 쓰면서 문법을 깨닫고 답을 찾을 수 있으니 재미있어요!

아무리 좋은 교재라도 직접 써 보고 자기의 것으로 만들지 않는다면 영문법이 머릿속에 남지 않아요. 그래서 이 책은 그 과에서 배운 문법 내용을 영어 문장에 바로 써 보며 공부합니다.

처음부터 전체 문장을 다 쓰라고 하면 막막하겠지요? 그래서 '바빠 영문법'은 작은 빈칸부터 시작해 전체 문장을 완성합니다.

3단계 문법 훈련을 통해 비교하며 써 보고, 영어식 어순으로 제시된 우리말을 참고해서 써 보고, 마지막으로 앞에서 배운 문법을 적용해 문장을 완성해 봅니다. 그래서 이 책을 따라 쓰기만 하면 누구나 쉽게 정확한 문법으로 영어 문장을 만드는 힘이 생겨요!

앞뒤 문장에 답이 있으니 포기하지 않게 돼요.
쓰다 보면 스스로 문법을 깨쳐요!

이 책의 훈련 문제들은 기계적인 빈칸 문제가 아니라, 문법 훈련용으로 잘 설계된 문장들이에요. 혹시 내가 잘 모르는 내용이 나오더라도 앞뒤 문장에서 힌트를 얻어 답을 쓸 수 있답니다! 그래서 문제를 풀 때 집중하게 되고, 포기하지 않고 끝까지 풀게 됩니다. 또한 문장을 쓰다 보면 스스로 문법을 깨치는 즐거움을 맛보게 되지요.

얼핏 보면 다른 문제집과 비슷해 보이지만, 직접 풀어 보면 완전히 다르다는 걸 느끼게 될 거예요!

셋, 나도 모르게 복습이 되는 치밀한 복습 설계!

열심히 공부했는데, 며칠 지나서 다 잊어버리면 억울하겠지요?

한 번 배운 내용을 잊지 않으려면 10분 안에, 1일 안에, 1주일 안에 반복해서 복습해야 합니다. '바빠 영문법'은 한 번 배운 영문법을 잊지 않도록 나도 모르게 복습이 되는 신기한 책이에요.

이 책의 훈련 문장들은 나선형 사다리 모형으로 설계되어 있어요. 나선형 사다리를 한 칸씩 차근차근 따라가다 보면 새로운 단어와 문법을 배우는 동시에, 앞에서 배운 단어와 문법이 계속 누적 반복되어 나옵니다. 그래서 3단계에 나오는 영작 문제는 앞의 훈련 문장을 다 썼다면 누구나 완성할 수 있습니다.

또한, 전 단계의 문법 내용을 다음 단계의 문장 속에도 녹여 놓아, 나도 모르게 복습이 이루어집니다. 그래서 앞에서 배운 문법을 잊지 않고 계속 기억하게 되지요. 오늘 배우는 문법에 어제 배운 문법이 누적 반복되니, 한 번 배운 문법을 잊지 않고 완벽하게 익힐 수 있는 거죠! 두뇌의 망각 곡선을 고려하여 만든 아주 특별한 훈련 문장들을 만나 보세요!

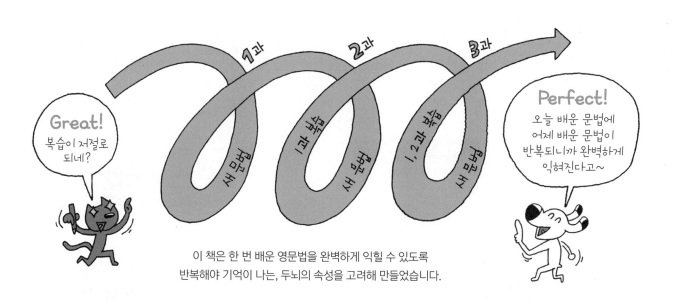

이 책은 한 번 배운 영문법을 완벽하게 익힐 수 있도록
반복해야 기억이 나는, 두뇌의 속성을 고려해 만들었습니다.

기초 영문법의 뼈대가 잡히고 나면 나머지 문법은 이 책에서 배운 영문법을 확장하는 것에 지나지 않습니다. 여러분도 이 책으로 영문법의 튼튼한 뼈대를 만들어 보세요!

이 책으로 훈련하면 초등학교 3·4학년도 정확한 문법으로 영어 문장을 만들 수 있습니다.

0 개념을 먼저 이해하자!

생활 속 그림 예문을 통해 핵심 문법 사항을 확인하고, 이해할 수 있어요!

1 1단계 – 비교하면 답이 보여!

두 문장을 비교하며 써 보면 문법을 정확히 알게 돼요!

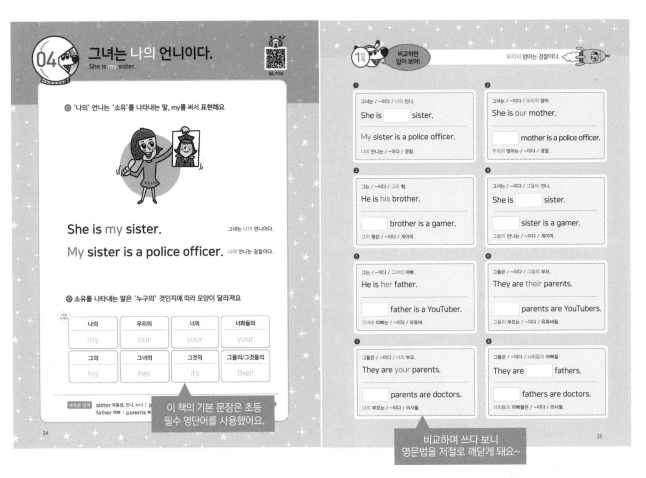

이 책의 기본 문장은 초등 필수 영단어를 사용했어요.

비교하며 쓰다 보니 영문법을 저절로 깨닫게 돼요~

04.mp3

1단계~3단계 문장까지 원어민 녹음! — mp3 파일의 3가지 활용법

1. 답을 맞힐 때 해답지 대신 mp3 파일로 확인해 보세요.
2. 각 단계별 문제를 모두 푼 다음, 책을 덮고 mp3를 들어 보세요.
3. 문장을 들으면서 따라 읽어 보세요.

2 2단계 – 쓰다 보면 문법이 보여!
영어식 어순으로 제시된 우리말을
참고해 문장을 완성하세요!

3 3단계 – 영작이 되면 이 영문법은 OK!
앞에서 배운 문법 항목을 적용해 문장을
완성해 보세요!

2단계 쓰다 보면 문법이 보여! 그는 그녀의 오빠이다.

영어식 어순을 보며 끊어 읽기까지
영문법을 깨치게 돼요!

❶ 그는 ~이다 / 나의 형.
He is ___ brother.

❷ 그는 ~이다 / 나의 아빠.
___ ___ my father.

❸ 그는 ~이다 / 그녀의 아빠.
He is her ___ .

❹ 그는 ~이다 / 그녀의 오빠.
He is ___ brother.

❺ 그들은 ~이다 / 그녀의 오빠들.
They are ___ ___ .

❻ 그들은 ~이다 / 너의 오빠들.
___

❼ 그들은 ~이다 / 너의 부모.
___ ___ your parents.

❽ 그들은 ~이다 / 우리의 부모.
They are our ___ .

❾ 그들은 ~이다 / 우리의 언니들.
They are ___ sisters.

❿ 그녀는 ~이다 / 우리의 언니.
She is ___ ___ .

father / mother / sister / I / brother

sister 언니, 누나, 여동생은 모두
sister로 써요.
brother 형, 오빠, 남동생은 모두
brother로 써요.

A B 내가 하는 문법 정리!
▶ 우리말에 맞게 영어로 쓰세요.
1. 너의   your
2. 그들의
3. 그의
4. 그녀의
5. 우리의
6. 나의

26

'내가 하는 문법 정리'로
영문법 확인!

3단계 영작이 되면 이 영문법은 OK! 나는 너의 엄마이다.

❶ 그녀는 너의 언니이다. She is ___ sister.

❷ 그는 너의 형이다. ___ ___ your brother.

❸ 그는 그녀의 오빠이다. He is ___

❹ 그들은 그녀의 오빠들이다. They ar___

앞뒤 문장들 속에 힌트가 있어요!
정확한 문법으로 영작 완성!

❺ 그들은 그녀의 언니들이다. ___ ___ her sisters.

❻ 그들은 그의 누나들이다. ___

❼ 그들은 그의 부모이다. ___ his parents.

08 시험에는 이렇게 나온다 맞힌개수
01~07과 복습   /25개

학교 시험 유형까지
완벽하게 대비해요!

[1~3] 알맞은 be동사를 찾아 선으로 연결하세요.
1. you •   • am
2. he •   • are
3. I •   • is

[4~6] 다음 질문을 보고 문장을 완성하세요.

다음 사람들의 직업이 뭐예요?

4. He is a ___ .

5. She ___ a ___ .

6. They ___ .

40

4 시험에 자주 나오는 문제로 복습
시험 문제를 자주 출제하는 저자가 학교
시험에 자주 나오는 문제를 엄선했어요!

Contents

바쁜 3·4학년을 위한 빠른 영문법 – 초등 영문법 ❶

 1권에서는 be동사와 일반동사의 현재형과 의문문 그리고 위치·시간 전치사와 빈도 부사를 공부합니다.

바쁜 3·4학년을 위한 빠른 영문법 – 초등 영문법 ❷

2권에서는 현재진행형, 과거형, 미래형 그리고 can과 비인칭 주어 it을 공부합니다.

☆ 나만의 공부 계획을 세워 보자

나는?

☑ is와 are의 구분이 어려워요.

☑ 영어 문제만 보면 졸려요.

하루에 한 과씩 30일 완성!

1~28일차 하루에 한 과씩 공부!

29, 30일차 틀린 문제 복습

나는?

☑ 지금 4학년이에요.

☑ 영문법 공부를 한 적이 있지만 맞는 문장인지 헷갈려요.

하루에 한두 과씩 20일 완성!

1~8일차 하루에 두 과씩 공부!

9~19일차 하루에 한 과씩 공부!

20일차 28과, 틀린 문제 복습

나는?

☑ 방학이라 시간이 좀 있어요~

☑ 영문법 실력을 빠르게 쌓고 싶어요!

하루에 두 과씩 15일 완성!

1~14일차 하루에 두 과씩 공부!

15일차 틀린 문제 복습

▶ 이 책을 지도하시는 분들께!

1. 영어 문장을

소리 내어 읽고,
말하듯 연습하게 해 주세요.

2. 틀린 문장은

연습장에 문장 전체를
다시 써 보게 하세요.

입력(input) 방식의 수동적인 학습보다는 출력(output) 방식의 학습이 더 오래 기억됩니다. 그래서 이 책도 '쓰는 방식'을 이용합니다.

출력 방식의 학습법 중 또 하나는 '말하는 것'입니다. 학습한 영어 문장을 소리 내어 읽고, 그다음에는 영어 문장을 보지 않고도 표현할 수 있게 도와주세요. 영어를 손으로 가린 다음 한글 해석만 보고 문장을 표현하도록 연습하면 효과적입니다.

부분 오답이더라도 한 번 더 문장을 기억할 수 있도록 지도해 주세요. 그 자리에서 정리하게 하거나, 숙제로 내서 문장 전체를 외우게 해 주세요.

♥ 그리고 공부를 마치면 꼭 칭찬해 주세요! ♥

문장이 써지면 이 영문법은 OK!

바쁜 빠른

3·4학년을 위한 영문법

초등 영문법 ①

영어가
막 써져!

나는 요리사이다.
I am a cook.

01.mp3

☆ 우리말은 모두 '~이다'인데 영어는 3가지로 달라져요!

나

I am a cook.
나는 요리사이다.

너

You are a cook.
너는 요리사이다.

그

He is a cook.
그는 요리사이다.

누구인지에 따라 달라지는 am, are, is를 모두 'be동사'라고 해요.
She(그녀는)나 It(그것은)일 때도 be동사는 is를 써요.

새로운 단어 cook 요리사 | gamer 게이머 | doctor 의사 | desk 책상 | chair 의자

❶

나는 / ~이다 / 요리사.

I am a cook.

You ☐ a cook.

너는 / ~이다 / 요리사.

❷

너는 / ~이다 / 요리사.

You are a cook.
↪ 문장의 첫 글자는 항상 대문자로 써요.

I ☐ a cook.

나는 / ~이다 / 요리사.

❸

너는 / ~이다 / 게이머.

☐ are a gamer.

She ☐ a gamer.

그녀는 / ~이다 / 게이머.

❹

그녀는 / ~이다 / 게이머.

She is a gamer.

He ☐ a gamer.

그는 / ~이다 / 게이머.

❺

그녀는 / ~이다 / 의사.

☐ ☐ a doctor.

It ☐ a chair.

그것은 / ~이다 / 의자.

❻

그는 / ~이다 / 의사.

☐ is a doctor.

It(그것은)일 때도 is를 써요.
It is a desk.

그것은 / ~이다 / 책상.

❼

그것은 / ~이다 / 책상.

☐ ☐ a desk.

☐ ☐ a doctor.

너는 / ~이다 / 의사.

❽

나는 / ~이다 / 게이머.

☐ ☐ a gamer.

☐ ☐ a chair.

그것은 / ~이다 / 의자.

13

쓰다 보면
문법이 보여!

그녀는 의사이다.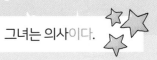

① 나는 ~이다 / 의사.

☐☐ ☐☐ a doctor.

사람이 한 명이거나 물건이 하나일 때
는 그 앞에 a를 써요.

I am a <u>gamer</u>.

② 나는 ~이다 / 게이머.

I am a ☐☐ .

③ 너는 ~이다 / 게이머.

☐☐ ☐☐ a gamer.

④ 너는 ~이다 / 요리사.

You are a ☐☐ .

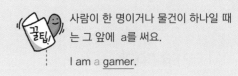

⑤ 그는 ~이다 / 요리사.

☐☐ ☐☐ a cook.

⑥ 그는 ~이다 / 의사.

He is a ☐☐ .

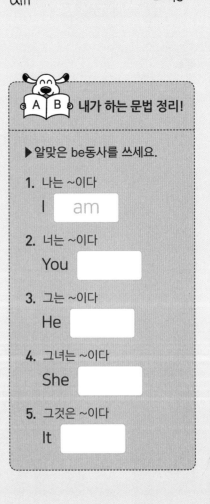

A B 내가 하는 문법 정리!

▶ 알맞은 be동사를 쓰세요.

1. 나는 ~이다

I am

2. 너는 ~이다

You ☐☐

3. 그는 ~이다

He ☐☐

4. 그녀는 ~이다

She ☐☐

5. 그것은 ~이다

It ☐☐

⑦ 그녀는 ~이다 / 의사.

☐☐ ☐☐ a doctor.

⑧ 그녀는 ~이다 / 게이머.

☐☐☐☐

문장 끝에는 마침표를 꼭 찍어요!

⑨ 그것은 ~이다 / 책상.

It ☐☐ a desk.

⑩ 그것은 ~이다 / 의자.

☐☐ is a chair.

14

1 그것은 책상이다. [   ] [   ] a desk.

2 그것은 의자이다. It is a [   ].

3 그는 요리사이다. He [   ] a cook.

4 그는 의사이다. He is a [   ].

5 그녀는 의사이다. [   ] [   ] a doctor.

6 그녀는 게이머이다. She is a [   ].

7 나는 게이머이다. [   ] [   ] a gamer.

8 나는 요리사이다. [   ]

9 너는 요리사이다. You [   ] a cook.

10 너는 게이머이다. [   ] are a gamer.

11 그는 게이머이다. [   ]

12 그는 요리사이다. [   ]

확인문제

▶ 괄호 안에서 알맞은 말을 고르세요.

1. I (am / is) a cook.　　　2. (She / You) are a doctor.

3. It (is / are) a desk.　　　4. (You / He) is a gamer.

15

02 우리는 요리사들이다.

We are cooks.

02.mp3

☆ 여럿일 때 be동사는 무조건 are를 써요

우리

We are cooks.

우리는 요리사들이다.

너희들

→ You는 '너'뿐만 아니라 '너희들'도 가리켜요.

You are singers.

너희들은 가수들이다.

그들

They are teachers.

그들은 교사들이다.

사람이든 사물이든 여럿일 때 쓰는 be동사는 are 하나뿐이에요.
그래서 We are, You are, They are가 돼요.

새로운 단어 singer 가수 | teacher 교사 | YouTuber 유튜버 | table 탁자

16

❶

나는 / ~이다 / 가수.

I [ ] a singer.

We are singers.

우리는 / ~이다 / 가수들.

❷

너는 / ~이다 / 가수.

[ ] are a singer.

You [ ] singers.

너희들은 / ~이다 / 가수들.

> 문장 맨 앞에 쓰는 You(너희들은),
> We(우리는), They(그들은)를 '주어'라고 해요.

❸

그는 / ~이다 / 교사.

He [ ] a teacher.

They are teachers.

그들은 / ~이다 / 교사들.

❹

나는 / ~이다 / 교사.

[ ] am a teacher.

[ ] [ ] teachers.

우리는 / ~이다 / 교사들.

❺

너는 / ~이다 / 유튜버.

You [ ] a YouTuber.

[ ] [ ] YouTubers.

너희들은 / ~이다 / 유튜버들.

❻

그녀는 / ~이다 / 유튜버.

She [ ] a YouTuber.

[ ] [ ] YouTubers.

그들은 / ~이다 / 유튜버들.

❼

그것은 / ~이다 / 탁자.

It [ ] a table.

They are tables.

그것들은 / ~이다 / 탁자들.

> They는 '그들은'이라는 뜻도 있지만,
> 물건이나 동물을 가리켜 '그것들은'이라고도 해요.

❽

그것은 / ~이다 / 의자.

[ ] is a chair.

[ ] [ ] chairs.

그것들은 / ~이다 / 의자들.

2단계 쓰다 보면 문법이 보여!

① 우리는 ~이다 / 요리사들.

We ⬚ cooks.

사람이나 사물이 둘 이상일 때는 단어 끝에 바로 -s를 붙여요!

We are cooks.
2명 이상 2명 이상

② 우리는 ~이다 / 가수들.

⬚ are singers.

③ 당신들은 ~이다 / 가수들.

You are ⬚ .

④ 당신들은 ~이다 / 교사들.

⬚ ⬚ teachers.

⑤ 그들은 ~이다 / 교사들.

They are ⬚ .

⑥ 그것들은 ~이다 / 탁자들.

They ⬚ tables.

⑦ 그것들은 ~이다 / 의자들.

⬚ are chairs.

⑧ 그것들은 ~이다 / 책상들.

⬚

⑨ 그들은 ~이다 / 유튜버들.

⬚ ⬚ YouTubers.

⑩ 우리는 ~이다 / 유튜버들.

⬚

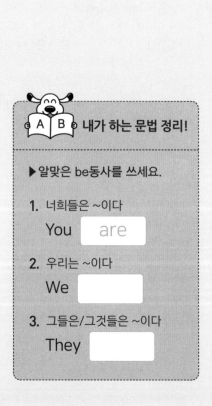

내가 하는 문법 정리!

▶ 알맞은 be동사를 쓰세요.

1. 너희들은 ~이다
You are

2. 우리는 ~이다
We ⬚

3. 그들은/그것들은 ~이다
They ⬚

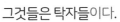

❶ 그것들은 의자들이다.　They ☐ chairs.

❷ 그들은 가수들이다.　☐ are singers.

❸ 너희들은 가수들이다.　You are ☐ .

❹ 너희들은 유튜버들이다.　☐ ☐ YouTubers.

❺ 우리는 유튜버들이다.　☐

❻ 우리는 게이머들이다.　We are ☐ .

❼ 당신들은 게이머들이다.　☐ are gamers.

❽ 당신들은 교사들이다.　You ☐ teachers.

❾ 우리는 교사들이다.　We are ☐ .

❿ 우리는 의사들이다.　☐ ☐ doctors.

⓫ 그들은 의사들이다.　☐

⓬ 그것들은 탁자들이다.　☐

▶밑줄 친 부분을 바르게 고쳐 쓰세요.

1. We <u>am</u> cooks.　☐

2. <u>It</u> are desks.　☐

3. You <u>is</u> YouTubers.　☐

4. I <u>are</u> a teacher.　☐

그것들은 탁자들이다.
They are tables.

03.mp3

☆ 탁자가 하나일 때는 단어 앞에 a를, 여러 개일 때는 단어 끝에 -s를 붙여요

It is a table.
그것은 탁자이다.

They are tables.
그것들은 탁자들이다.

☆ 사람이나 사물이 하나일 때는 단어 앞에 a, 여럿일 때는 단어 끝에 -s!

따라 쓰세요!

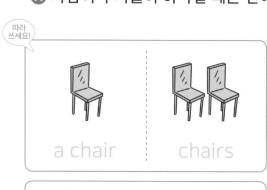

a chair | chairs

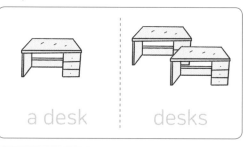

a desk | desks

a singer | singers

a YouTuber | YouTubers

1

그것은 / ~이다 / 책상.

It is a desk.

They are ⬚ .

그것들은 / ~이다 / 책상들.

2

그것은 / ~이다 / 의자.

It is ⬚ chair.

They are chairs.

그것들은 / ~이다 / 의자들.

3

나는 / ~이다 / 유튜버.

I am ⬚ YouTuber.

We are ⬚ .

우리는 / ~이다 / 유튜버들.

4

그는 / ~이다 / 게이머.

He is ⬚ ⬚ .

They are gamers.

그들은 / ~이다 / 게이머들.

5

그녀는 / ~이다 / 경찰.

She is ⬚ police officer.

They are ⬚ ⬚ .

그들은 / ~이다 / 경찰들.

6

당신은 / ~이다 / 가수.

You are ⬚ ⬚ .

You are ⬚ .

당신들은 / ~이다 / 가수들.

7

그것은 / ~이다 / 탁자.

It is ⬚ ⬚ .

They are ⬚ .

그것들은 / ~이다 / 탁자들.

8

나는 / ~이다 / 요리사.

I am ⬚ ⬚ .

We are ⬚ .

우리는 / ~이다 / 요리사들.

❶ 나는 ~이다 / 경찰.

I am ⬜ police officer.

❷ 우리는 ~이다 / 경찰들.

We are ⬜⬜ ⬜⬜ .

❸ 우리는 ~이다 / 유튜버들.

⬜⬜ ⬜⬜ YouTubers.

❹ 그들은 ~이다 / 유튜버들.

They are ⬜⬜ .

❺ 그것들은 ~이다 / 의자들.

They are ⬜⬜ .

❻ 그것은 ~이다 / 의자.

It ⬜⬜ a chair.

❼ 그것은 ~이다 / 탁자.

⬜⬜ is a table.

❽ 그것들은 ~이다 / 탁자들.

They are ⬜⬜ .

❾ 그들은 ~이다 / 가수들.

⬜⬜ ⬜⬜ singers.

❿ 그는 ~이다 / 가수.

⬜⬜

'주어'는 문장의 주인공을 나타내는 말이죠? I, He, She처럼 주어가 1명이면 be동사 뒤의 사람도 1명으로, We, They처럼 주어가 2명 이상이면 be동사 뒤의 사람도 2명 이상으로 나타내요.

He is a police officer.
1명   1명

They are police officers.
2명 이상   2명 이상

Ⓐ Ⓑ 내가 하는 문법 정리!

▶ 다음을 둘 이상의 사람이나 사물로 나타내세요.

1. a YouTuber YouTubers

2. a desk ⬜⬜

3. a singer ⬜⬜

4. a table ⬜⬜

나는 경찰이다.

출발!

1. 그녀는 유튜버이다. She is a [   ] .

2. 그들은 유튜버들이다. They are [   ] .

3. 그것들은 책상들이다. [   ] [   ] desks.

4. 그것은 책상이다. [   ]

5. 그것은 탁자이다. It is [   ] [   ] .

6. 그것들은 탁자들이다. [   ] [   ] tables.

7. 그들은 가수들이다. They are [   ] .

8. 그는 가수이다. He is [   ] [   ] .

9. 그는 경찰이다. [   ] [   ] a police officer.

10. 우리는 경찰들이다. We are [   ] [   ] .

11. 당신들은 경찰들이다. [   ]

12. 나는 경찰이다. [   ]

도착!

확인문제

▶괄호 안에서 알맞은 말을 고르세요.

1. It is (a chair / chairs).
2. We are (a YouTuber / YouTubers).
3. They are (a cook / cooks).
4. It is (table / a table).

그녀는 나의 언니이다.
She is my sister.

☆ '나의' 언니는 '소유'를 나타내는 말, my를 써서 표현해요

She is my sister.
그녀는 나의 언니이다.

My sister is a police officer.
나의 언니는 경찰이다.

☆ 소유를 나타내는 말은 '누구의' 것인지에 따라 모양이 달라져요

따라 쓰세요!

나의	우리의	너의	너희들의
my	our	your	your

그의	그녀의	그것의	그들의/그것들의
his	her	its	their

새로운 단어 sister 여동생, 언니, 누나 │ police officer 경찰 │ mother 엄마 │ brother 남동생, 오빠, 형
father 아빠 │ parents 부모

우리의 엄마는 경찰이다.

❶

그녀는 / ~이다 / 나의 언니.

She is ⬜ sister.

My sister is a police officer.

나의 언니는 / ~이다 / 경찰.

❷

그녀는 / ~이다 / 우리의 엄마.

She is our mother.

⬜ mother is a police officer.

우리의 엄마는 / ~이다 / 경찰.

❸

그는 / ~이다 / 그의 형.

He is his brother.

⬜ brother is a gamer.

그의 형은 / ~이다 / 게이머.

❹

그녀는 / ~이다 / 그들의 언니.

She is ⬜ sister.

⬜ sister is a gamer.

그들의 언니는 / ~이다 / 게이머.

❺

그는 / ~이다 / 그녀의 아빠.

He is her father.

⬜ father is a YouTuber.

그녀의 아빠는 / ~이다 / 유튜버.

❻

그들은 / ~이다 / 그들의 부모.

They are their parents.

⬜ parents are YouTubers.

그들의 부모는 / ~이다 / 유튜버들.

❼

그들은 / ~이다 / 너의 부모.

They are your parents.

⬜ parents are doctors.

너의 부모는 / ~이다 / 의사들.

❽

그들은 / ~이다 / 너희들의 아빠들.

They are ⬜ fathers.

⬜ fathers are doctors.

너희들의 아빠들은 / ~이다 / 의사들.

❶ 그는 ~이다 / 나의 형.

He is [   ] brother.

❷ 그는 ~이다 / 나의 아빠.

[   ] [   ] my father.

❸ 그는 ~이다 / 그녀의 아빠.

He is her [   ] .

❹ 그는 ~이다 / 그녀의 오빠.

He is [   ] brother.

❺ 그들은 ~이다 / 그녀의 오빠들.

They are [   ] [   ] .

❻ 그들은 ~이다 / 너의 오빠들.

[   ]

❼ 그들은 ~이다 / 너의 부모.

[   ] [   ] your parents.

❽ 그들은 ~이다 / 우리의 부모.

They are our [   ] .

❾ 그들은 ~이다 / 우리의 언니들.

They are [   ] sisters.

❿ 그녀는 ~이다 / 우리의 언니.

She is [   ] [   ] .

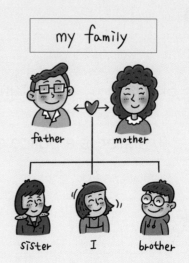

my family

father   mother

sister   I   brother

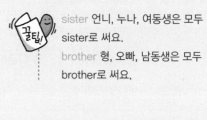

sister 언니, 누나, 여동생은 모두 sister로 써요.
brother 형, 오빠, 남동생은 모두 brother로 써요.

A B 내가 하는 문법 정리!

▶우리말에 맞게 영어로 쓰세요.

1. 너의   [your]

2. 그들의   [   ]

3. 그의   [   ]

4. 그녀의   [   ]

5. 우리의   [   ]

6. 나의   [   ]

3단계 영작이 되면 이 영문법은 OK!

나는 너의 엄마이다.

❶ 그녀는 너의 언니이다. She is ☐ sister.

❷ 그는 너의 형이다. ☐ ☐ your brother.

❸ 그는 그녀의 오빠이다. He is ☐ ☐ .

❹ 그들은 그녀의 오빠들이다. They are her ☐ .

❺ 그들은 그녀의 언니들이다. ☐ ☐ her sisters.

❻ 그들은 그의 누나들이다. ☐

❼ 그들은 그의 부모이다. ☐ ☐ his parents.

❽ 우리는 그의 부모이다. We are ☐ ☐ .

❾ 우리는 그들의 부모이다. ☐ ☐ their parents.

❿ 우리는 그들의 엄마들이다. We are ☐ mothers.

⓫ 나는 그들의 엄마이다. ☐

⓬ 나는 너의 엄마이다. ☐

확인문제

▶괄호 안에서 알맞은 말을 고르세요.

1. She is (you / your) sister.

2. (We / Our) are his parents.

3. I am (her / she) brother.

4. He is (their / they) father.

27

05 나는 느리다.
I am slow.

05.mp3

☆ slow(느린)나 fast(빠른)를 am, are, is 뒤에 쓰면 '느리다'나 '빠르다'라는 표현이 돼요

나는 (키가) 커.
(그런데) 나는 느려.
(그래서) 나는 슬퍼.

I am tall.
나는 키가 크다.

She is short.
그녀는 키가 작다.

I am slow.
나는 느리다.

She is fast.
그녀는 빠르다.

I am sad.
나는 슬프다.

She is happy.
그녀는 행복하다.

'tall(큰), short(작은)'처럼 사람이나 사물의 생김새나 상태를 나타내는 말을 '형용사'라고 해요.

새로운 단어   tall 키가 큰 ↔ short 키가 작은 | slow 느린 ↔ fast 빠른 | sad 슬픈 ↔ happy 행복한(기쁜)
small 작은 ↔ big 큰 | daughter 딸 | son 아들

①

나는 / 행복하다.

I am happy.

My sister is [　] .

나의 언니는 / 슬프다.

②

그는 / 행복하다.

He is [　] .

His parents [　] [　] .

그의 부모는 / 슬프다.

③

당신은 / 키가 작다.

You [　] short.

Your daughters [　] [　] .

당신의 딸들은 / 키가 크다.

④

그녀는 / 키가 작다.

She [　] [　] .

Her sons [　] [　] .

그녀의 아들들은 / 키가 크다.

⑤

나는 / 빠르다.

I [　] fast.

We [　] slow.

우리는 / 느리다.

⑥

그것은 / 빠르다.

It [　] [　] .

They [　] [　] .

그것들은 / 느리다.

⑦

그녀의 책상은 / 작다.

Her desk [　] small.

Her chairs [　] big.

그녀의 의자들은 / 크다.

⑧

그들의 탁자는 / 작다.

Their table [　] [　] .

Their chairs [　] [　] .

그들의 의자들은 / 크다.

① 그녀의 언니는 / 빠르다.

Her sister is [   ].

② 그녀의 오빠는 / 빠르다.

Her brother [   ] fast.

③ 나는 / 빠르다.

I am [   ].

④ 나는 / 느리다.

[   ] [   ] slow.

⑤ 너는 / 느리다.

You [   ] [   ].

⑥ 당신의 딸은 / 느리다.

[   ] daughter [   ] slow.

⑦ 당신의 딸은 / 키가 크다.

Your [   ] is tall.

⑧ 그의 딸은 / 키가 크다.

His daughter [   ] [   ].

⑨ 그의 딸은 / 키가 작다.

[   ] [   ] is short.

⑩ 그의 아들은 / 키가 작다.

[   ]

나, 너 말고 다른 사람 1명이 주어일 때, be동사는 is를 써요.

My sister is happy.
나의 언니(1명)

A B 내가 하는 문법 정리!

▶ 우리말에 맞게 영어로 쓰세요.

1. 나는 빠르다.

I [am] [fast].

2. 너는 느리다.

You [   ] [   ].

3. 그는 키가 크다.

He [   ] [   ].

4. 그들은 키가 작다.

They [   ] [   ].

① 우리 아들은 행복하다.　　Our son ☐ happy.

② 나의 아들은 행복하다.　　☐ son is ☐ .

③ 나의 딸은 행복하다.　　My daughter ☐ ☐ .

④ 나의 딸은 슬프다.　　☐ ☐ is sad.

⑤ 그녀의 딸은 슬프다.　　☐

⑥ 그는 슬프다.　　He ☐ ☐ .

⑦ 그는 (덩치가) 크다.　　☐ ☐ big.

⑧ 그들의 탁자는 크다.　　Their table is ☐ .

⑨ 그들의 탁자는 작다.　　☐ ☐ is small.

⑩ 그들의 탁자들은 작다.　　☐

⑪ 그것들은 작다.　　They ☐ small.

⑫ 그들은 행복하다.　　☐

확인문제

▶우리말과 일치하도록 단어를 바르게 배열하세요.

1. 그것은 작다. (small / It / is)　　→ _____

2. 우리는 슬프다. (are / We / sad)　　→ _____

나는 기쁘지 않다.
I am not happy.

06.mp3

☆ '않다, 아니다'라고 할 때는 be동사 뒤에 not을 넣어요

It is not big.

그것은 크지 않다.

I am not happy.

나는 기쁘지 않다.

☆ are not은 aren't, is not은 isn't로 줄여서 많이 써요

따라 쓰세요!

않다, 아니다	'않다, 아니다' 의 줄임말
I am not ~	am not은 줄일 수 없어요.
We are not ~	We aren't ~
You are not ~	You aren't ~
He/She/It is not ~	He/She/It isn't ~
They are not ~	They aren't ~

❶

나는 / ~이다 / 가수.

I am a singer.

I [ ] not a singer.

나는 / 아니다 / 가수가.

❷

우리는 / ~이다 / 가수들.

We are singers.

We are [ ] singers.

우리는 / 아니다 / 가수들이.

❸

너는 / ~이다 / 경찰.

You are a police officer.

You [ ] [ ] a police officer. 너는 / 아니다 / 경찰이.

❹

너희들은 / ~이다 / 경찰들.

You [ ] police officers.

You [ ] [ ] police officers. 너희들은 / 아니다 / 경찰들이.

❺

나의 아들은 / 행복하다.

My son is happy.

My son [ ] [ ] happy.

나의 아들은 / 않다 / 행복하지.

❻

나의 딸들은 / 슬프다.

My daughters [ ] sad.

My daughters [ ] [ ] sad. 나의 딸들은 / 않다 / 슬프지.

❼

그것은 / 크다.

It [ ] big.

It [ ] [ ] big.

그것은 / 않다 / 크지.

❽

그것들은 / 작다.

They [ ] small.

They [ ] [ ] small.

그것들은 / 않다 / 작지.

쓰다 보면 문법이 보여!

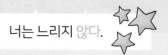

<be동사+not>은 줄임말로 써 보세요.

① 너는 / 않다 / 느리지.

You ☐ slow.

② 너의 여동생들은 / 않다 / 느리지.

☐ sisters aren't ☐ .

③ 너의 여동생들은 / 않다 / 빠르지.

Your ☐ ☐ fast.

④ 나의 여동생은 / 않다 / 빠르지.

My sister ☐ fast.

⑤ 나의 형은 / 않다 / 빠르지.

☐ brother isn't ☐ .

⑥ 나의 형은 / 아니다 / 요리사가.

☐ ☐ isn't a cook.

⑦ 나는 / 아니다 / 요리사가.

I am ☐ ☐ .

→ am not은 줄여 쓸 수 없어요.

⑧ 나는 / 아니다 / 의사가.

☐ ☐ not a doctor.

⑨ 우리는 / 아니다 / 의사들이.

We ☐ doctors.

⑩ 우리는 / 아니다 / 게이머들이.

☐

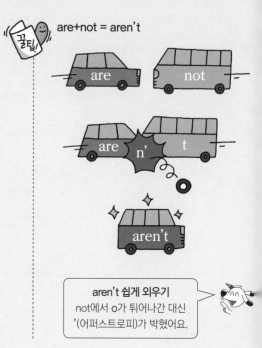

are+not = aren't

aren't 쉽게 외우기
not에서 o가 튀어간 대신
'(어퍼스트로피)가 박혔어요.

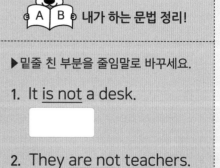

A B 내가 하는 문법 정리!

▶밑줄 친 부분을 줄임말로 바꾸세요.

1. It is not a desk.

☐

2. They are not teachers.

☐

34

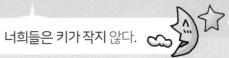

너희들은 키가 작지 않다.

<be동사+not>은 줄임말로 써 보세요.

① 나는 행복하지 않다.　　I am ⬚ happy.

② 나는 교사가 아니다.　　I ⬚ not a teacher.

③ 우리는 교사들이 아니다.　　We aren't ⬚ .

④ 그들은 교사들이 아니다.　　They ⬚ teachers.

⑤ 그것들은 탁자들이 아니다.　　⬚ aren't tables.

⑥ 그것은 내 탁자가 아니다.　　It isn't my ⬚ .

⑦ 그것은 내 책상이 아니다.　　⬚ ⬚ ⬚ desk.

⑧ 그것은 그녀의 의자가 아니다.　　⬚ ⬚ her chair.

⑨ 그것들은 그녀의 의자들이 아니다.　　⬚

⑩ 그들은 키가 크지 않다.　　They ⬚ tall.

⑪ 너희들은 키가 크지 않다.　　⬚ aren't ⬚ .

⑫ 너희들은 키가 작지 않다.　　⬚

확인 문제

▶우리말과 일치하도록 빈칸에 알맞은 말을 쓰세요.

1. 너는 빠르지 않다. → You ⬚ ⬚ fast.

2. 그것은 짧지 않다. → It ⬚ ⬚ short.

너는 슬프니?
Are you sad?

☆ 물어볼 때는 am, are, is(be동사) 먼저, 주어는 나중에 써요!

Is it your chair?
그것은 너의 의자니?

→ 물어볼 때는 물음표를 붙여요.

Are you sad?
너는 슬프니?

be동사 먼저!

주어 나중에!

☆ '그래.'는 Yes, '안 그래.'는 No로 대답해요!

따라 쓰세요!

Are you sad?
▶ Yes, I am.
▶ No, I'm not.

Is he sad?
▶ Yes, he is.
▶ No, he isn't.

①

너는 / ~이다 / 행복한. (너는 행복하다.)

You are happy.

_____ _____ happy?

~이니 / 너는 / 행복한? (너는 행복하니?)

②

응, / 나는 그래.

_____ , I am.

No, I'm not. → I'm = I am 의 줄임말.

아니, / 나는 안 그래.

③

그는 / ~이다 / 경찰.

He is a police officer.

_____ _____ a police officer?

~이니 / 그는 / 경찰?

④

응, / 그는 그래.

_____ , he is.

No, he _____ .

아니, / 그는 안 그래(아니야).

⑤

그들은 / ~이다 / 가수들.

They are singers.

_____ _____ singers?

~이니 / 그들은 / 가수들?

⑥

응, / 그들은 그래.

_____ , they are.

No, they _____ .

아니, / 그들은 안 그래(아니야).

⑦

그것은 / ~이다 / 너의 의자.

It is your chair.

_____ _____ your chair?

~이니 / 그것은 / 너의 의자?

⑧

응, / 그것은 그래.

Yes, _____ _____ .

_____ , it _____ .

아니, / 그것은 안 그래(아니야).

1 ~이니 / 너는 / 게이머?

[ ] [ ] a gamer?

응, / 나는 그래.

Yes, [ ] am.

2 ~이니 / 너희들은 / 게이머들?

Are you [ ] ?

아니, / 우리는 안 그래(아니야).

[ ] , we [ ] .

3 ~이니 / 너희들은 / 그의 형들?

Are you [ ] brothers?

응, / 우리는 그래.

Yes, we [ ] .

4 ~이니 / 너는 / 그의 형?

[ ] you [ ] brother?

아니, / 나는 안 그래(아니야).

[ ] , I'm [ ] .

5 ~이니 / 당신은 / 그의 엄마?

[ ] [ ] his mother?

응, / 나는 그래.

Yes, [ ] [ ] .

6 ~이니 / 그녀는 / 그의 엄마?

Is she [ ] [ ] ?

아니, / 그녀는 안 그래(아니야).

No, she [ ] .

7 ~이니 / 그녀는 / 너의 엄마?

[ ] [ ] your mother?

응, / 그녀는 그래.

Yes, [ ] [ ] .

8 ~이니 / 그녀는 / 너의 언니?

[   ]

아니, / 그녀는 안 그래(아니야).

[ ] , she isn't.

9 ~이니 / 그들은 / 너의 언니들?

Are they [ ] sisters?

응, / 그들은 그래.

Yes, [ ] are.

10 ~이니 / 그들은 / 너의 부모?

[ ] [ ] your parents?

아니, / 그들은 안 그래(아니야).

[ ] , they [ ] .

 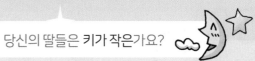
1 그것은 그의 의자니?

[ ] [ ] his chair?

응, 그것은 그래.

Yes, [ ] [ ] .

2 그것들은 그의 의자들이니?

Are they [ ] [ ] ?

아니, 그것들은 안 그래(아니야).

No, they [ ] .

3 그것들은 의자들이니?

[ ] [ ] chairs?

응, 그것들은 그래.

[ ] , they are.

4 그들은 행복하니?

[   ]

아니, 그들은 안 그래.

No, [ ] aren't.

5 너는 행복하니?

[ ] [ ] happy?

응, 나는 그래.

[ ] , I am.

6 너는 키가 크니?

[   ]

아니, 나는 안 그래.

No, [ ] not.

7 그는 키가 크니?

Is [ ] tall?

응, 그는 그래.

Yes, [ ] [ ] .

8 그는 키가 작니?

[ ] he [ ] ?

아니, 그는 안 그래.

[ ] , he isn't.

9 당신의 딸은 키가 작은가요?

[ ] your daughter short?

응, 그녀는 그래.

[   ]

10 당신의 딸들은 키가 작은가요?

[   ]

아니, 그들은 안 그래.

No, they [ ] .

[1~3] 알맞은 be동사를 찾아 선으로 연결하세요.

1. you •   • am

2. he •   • are

3. I •   • is

[4~6] 다음 질문을 보고 문장을 완성하세요.

다음 사람들의 직업이 뭐예요?

4.

He is a _____ .

5.

She _____ a _____ .

6.

They _____ _____ .

7. 우리말을 읽고, 빈칸에 사람의 모습을 나타내는 말을 쓰세요.

1) 그는 슬프다.　　➡　　He is _____.

2) 나는 키가 작다.　➡　　I am _____.

[8~10] 괄호 안에서 알맞은 말을 고르세요.

8. This is (I / my) book.

9. They are (you / your) parents.

10. He is (her / she) brother.

[11~13] 빈칸에 알맞은 말을 고르세요.

11.

> She _____ a doctor.

① am　　　　　② are　　　　　③ is

12.

> It is _____ .

① a desk　　　　② desk　　　　③ desks

13.

> We are _____ .

① our　　　　　② happy　　　　③ YouTuber

[14~15] 그림을 보고 맞는 문장을 고르세요.

14.

He is a singer.   (   )

He is not a singer.   (   )

15.

I am sad.   (   )

I am not sad.   (   )

[16~18] 밑줄 친 부분을 바르게 고쳐 쓰세요.

16. It am small.   ➡ _____

17. They are cook.   ➡ _____

18. He not is a gamer.   ➡ _____

[19~20] 다음 문장을 '~이 아니다'라고 부정하는 문장으로 바꿔 쓰세요.

19. It is a desk.   ➡ _____

20. We are happy.   ➡ _____

[21~23] 우리말과 일치하도록 괄호 안의 단어를 바르게 배열하세요.

21.

> 나의 누나는 키가 크다.   (is / My sister / tall)

➡ _____

22.

> 그것은 탁자가 아니다.   (a table / isn't / It)

➡ _____

23.

> 너는 그의 형이니?   (Are / his brother / you)

➡ _____

[24~25] 그림을 보고 질문에 알맞은 대답을 쓰세요.

24.

A: Are they tables?

B: _____ , they _____ .

25.

A: Is she happy?

B: _____ , _____ _____ .

09 내 가방은 의자 위에 있다.
My bag is **on** the chair.

09.mp3

☆ 어디에 있는지 말할 때, on, under 같은 위치를 나타내는 말을 써요

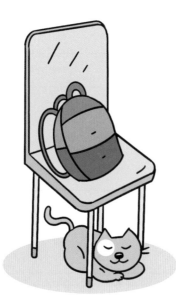

My bag is
on the chair.
내 가방은 의자 위에 있다.

My cat is
under the chair.
내 고양이는 의자 아래에 있다.

☆ 위치에 따라 쓰는 단어가 달라요

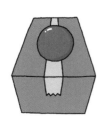

on the box
상자 위에

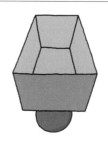

under the box
상자 아래에

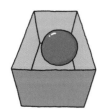

in the box
상자 안에

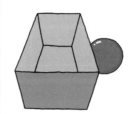

next to the box
상자 옆에

새로운 단어 bag 가방 | box 상자 | basket 바구니 | phone 전화(기) | cap (야구) 모자

❶

내 가방은 / 있다 / 상자 안에.

My bag is in the box.

My bag is on the box.

내 가방은 / 있다 / 상자 위에.

❷

내 가방은 / 있다 / 바구니 안에.

My bag is ☐ the basket.

My bag is ☐ the desk.

내 가방은 / 있다 / 책상 위에.

❸

그녀의 전화는 / 있다 / 책상 위에.

Her phone is ☐ the desk.

Her phone is under the desk.

그녀의 전화는 / 있다 / 책상 아래에.

❹

그녀의 전화는 / 있다 / 의자 위에.

Her phone is ☐ the chair.

Her phone is ☐ the chair.

그녀의 전화는 / 있다 / 의자 아래에.

❺

그의 고양이는 / 있다 / 바구니 안에.

His cat is ☐ the basket.

His cat is next to the basket.

그의 고양이는 / 있다 / 바구니 옆에.

❻

그의 고양이는 / 있다 / 상자 안에.

His cat is ☐ the box.

His cat is ☐ ☐ the desk. 그의 고양이는 / 있다 / 책상 옆에.

❼

네 모자는 / 있다 / 탁자 아래에.

Your cap is ☐ the table.

Your cap is ☐ ☐ the table. 네 모자는 / 있다 / 탁자 옆에.

❽

네 모자는 / 있다 / 바구니 안에.

Your cap is ☐ the basket.

Your cap is ☐ the table.

네 모자는 / 있다 / 탁자 위에.

1 내 가방은 / 있다 / 책상 아래에.

My bag is [____] the desk.

2 그의 가방은 / 있다 / 책상 아래에.

His bag is under [____] [____].

3 그의 가방은 / 있다 / 탁자 아래에.

[____] [____] is [____] the table.

4 그의 가방은 / 있다 / 탁자 위에.

His bag [____] on the [____].

5 그녀의 모자는 / 있다 / 탁자 위에.

Her cap is [____] the [____].

6 그녀의 모자는 / 있다 / 상자 위에.

[____] [____] is [____] the box.

7 그녀의 모자는 / 있다 / 상자 안에.

Her cap [____] in the [____].

8 네 전화는 / 있다 / 상자 안에.

[_____]

9 네 전화는 / 있다 / 바구니 안에.

Your phone is [____] the basket.

10 네 전화는 / 있다 / 바구니 옆에.

Your phone is [____] [____] the [____].

꿀팁! **be동사의 또 다른 뜻: 있다**

be동사 다음에 위치/장소를 나타내는 말이 오면 be동사는 '있다'는 뜻이에요.

Her cat is <u>on the chair</u>.
그녀의 고양이는 / 있다 / 의자 위에

Her cat is <u>happy</u>.
그녀의 고양이는 / ~이다 / 행복한

A B 내가 하는 문법 정리!

▶우리말에 맞게 영어로 쓰세요.

1. 위에 [on]

2. 아래에 [____]

3. 안에 [____]

4. 옆에 [____] [____]

출발

① 네 모자는 바구니 안에 있다.　Your cap is [　] the basket.

② 네 고양이는 바구니 안에 있다.　[　] cat is in [　] [　].

③ 네 고양이는 상자 안에 있다.　[　] [　] is [　] the box.

④ 네 고양이는 상자 옆에 있다.　Your cat [　] next to [　] [　].

⑤ 내 전화는 상자 옆에 있다.　[　]

⑥ 내 전화는 책상 옆에 있다.　My phone is [　] [　] the desk.

⑦ 내 전화는 책상 아래에 있다.　[　] [　] is under the desk.

⑧ 그의 모자는 책상 아래에 있다.　His cap is [　] [　] [　].

⑨ 그의 모자는 의자 아래에 있다.　[　]

⑩ 그의 모자는 의자 위에 있다.　[　] [　] [　] on the chair.

⑪ 그의 모자는 가방 위에 있다.　His cap [　] [　] the bag.

⑫ 그의 모자는 가방 안에 있다.　[　]

도착

확인문제

▶ 그림과 일치하도록 빈칸에 알맞은 말을 쓰세요.

1. My cap is [　] the desk.

2. Your phone is [　] [　] the cap.

47

그 상자들은 작다.
The boxes are small.

⭐ 사물이 둘 이상일 때 -es를 붙이는 단어도 있어요

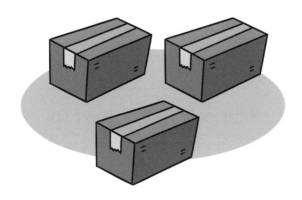

The boxes are small.

그 상자들은 작다.

→ box처럼 -x로 끝나는
단어 뒤에는 -es를 붙여요.

⭐ 사물이 둘 이상일 때 -es 꼬리가 붙는 단어들

-x/-s/-ch/-o/-sh로 끝나는 단어 뒤에 -es를 붙여요.

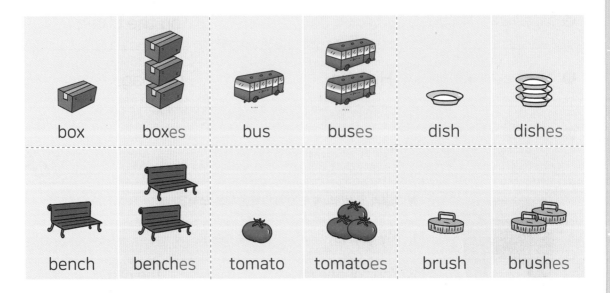

| box | boxes | bus | buses | dish | dishes |
| bench | benches | tomato | tomatoes | brush | brushes |

①

그 상자는 / 있다 / 탁자 위에.

The box is on the table.

The ⬜ are on the table.

그 상자들은 / 있다 / 탁자 위에.

②

그 솔은 / ~이다 / 짧은.

The brush is short.

The ⬜ are short.

그 솔들은 / ~이다 / 짧은.

↳ 주어가 둘 이상일 때 be동사는 are를 써요.

③

그 접시는 / 있다 / 상자 안에.

The dish is in the box.

The ⬜ are in the box.

그 접시들은 / 있다 / 상자 안에.

④

그 토마토는 / ~이다 / 좋은.

The tomato is good.

The ⬜ are good.

그 토마토들은 / ~이다 / 좋은.

⑤

그 벤치는 / ~이다 / 작은.

The ⬜ is small.

The ⬜ are small.

그 벤치들은 / ~이다 / 작은.

⑥

그 버스는 / ~이다 / 큰.

The ⬜ is big.

The ⬜ are big.

그 버스들은 / ~이다 / 큰.

⑦

그것은 / ~이다 / 나의 토마토.

It is my ⬜ .

They are my ⬜ .

그것들은 / ~이다 / 나의 토마토들.

⑧

그 고양이는 / 있다 / 벤치 위에.

The cat is on the ⬜ .

The cats are on the ⬜ .

그 고양이들은 / 있다 / 벤치들 위에.

1 그 버스들은 / ~이다 / 작은.

The [   ] are small.

2 그 버스들은 / ~이다 / 좋은.

The buses [   ] good.

3 그 토마토들은 / ~이다 / 좋은.

The [   ] are [   ].

4 그 토마토들은 / 있다 / 바구니 안에.

The tomatoes [   ] in the basket.

5 그 솔들은 / 있다 / 바구니 안에.

The brushes are [   ] [   ] [   ] .

6 그 솔들은 / ~이다 / 큰.

[   ]

7 그 접시들은 / ~이다 / 큰.

The dishes [   ] big.

8 그 접시들은 / 있다 / 의자 위에.

[   ] [   ] are on the chair.

9 그 상자들은 / 있다 / 의자 위에.

The boxes are [   ] [   ] [   ] .

10 그 상자들은 / ~이다 / 작은.

[   ]

왜 -s가 아닌 -es가 붙는 걸까요?

그건 발음을 쉽게 하기 위해서예요.

(×) buss[버스스] brushs[브러시스]

↓ ↓

(○) buses[버시-즈] brushes[브러쉬-즈]

-s, -ch, -sh, -x로 끝나는 단어는 [-s/스]를 붙이면 입 안에 힘이 많이 들어가서 발음하기 불편해요. 대신 [-es/이즈]를 붙이면 발음이 부드러워져서 말하기가 쉬워져요.

내가 하는 문법 정리!

▶다음 단어를 둘 이상을 나타내는 말로 바꾸세요.

1. bench   [benches]

2. box   [   ]

3. dish   [   ]

4. brush   [   ]

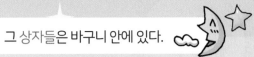
출발!

❶ 그 벤치들은 크다.

The [   ] are big.

❷ 그 벤치들은 작다.

The benches [   ] small.

❸ 그 벤치는 작다.

[   ]

❹ 그 접시는 작다.

The dish is [   ].

❺ 그 접시들은 작다.

[   ] [   ] are small.

❻ 그 접시들은 탁자 아래에 있다.

The dishes [   ] [   ] the table.

❼ 그 토마토들은 탁자 아래에 있다.

[   ] [   ] are under the [   ].

❽ 그 토마토들은 의자 옆에 있다.

The tomatoes are [   ] [   ] the chair.

❾ 그 토마토는 의자 옆에 있다.

The [   ] is next to the chair.

❿ 그 상자는 의자 옆에 있다.

[   ]

⓫ 그 상자들은 의자 옆에 있다.

[   ] [   ] [   ] next to the chair.

⓬ 그 상자들은 바구니 안에 있다.

[   ]

도착!

확인문제

▶ 괄호 안에서 알맞은 말을 고르세요.

1. The (dish / dishes) are in the box.

2. The (boxes / box) are under the table.

51

11

이것은 나의 연필이다.
This is my pencil.

11.mp3

☆ 가까이에 있는 것은 this, 멀리 있는 것은 that

This is my pencil.
이것은 나의 연필이다.

That is my eraser.
저것은 나의 지우개이다.

☆ 사물이 둘 이상일 때는 these/those를 써요

These are my pencils.
이것들은 나의 연필들이다.

Those are my erasers.
저것들은 나의 지우개들이다.

새로운 단어   pencil 연필 | eraser 지우개 | book 책 | ruler 자 | sneakers 스니커즈 (운동화)
shoes 신발

52

①

이것은 / ~이다 / 나의 책.

This is my book.

_____ is my book.

저것은 / ~이다 / 나의 책.

②

이것들은 / ~이다 / 나의 책들.

_____ are my books.

Those are my books.

저것들은 / ~이다 / 나의 책들.

③

이것은 / ~이다 / 그의 자.

_____ is his ruler.

_____ is his ruler.

저것은 / ~이다 / 그의 자.

④

이것들은 / ~이다 / 그의 자들.

These are his rulers.

_____ are his rulers.

저것들은 / ~이다 / 그의 자들.

⑤

이것은 / ~이다 / 너의 연필.

_____ is your pencil.

_____ is your pencil.

저것은 / ~이다 / 너의 연필.

⑥

이것들은 / ~이다 / 너의 스니커즈.

_____ are your sneakers.

_____ are your sneakers.

저것들은 / ~이다 / 너의 스니커즈.

스니커즈(sneakers)나, 신발(shoes)처럼
쌍을 이루는 것은 항상 단어 끝에 -s를 붙여요.

⑦

이것은 / ~이다 / 그녀의 지우개.

_____ is her eraser.

_____ is her eraser.

저것은 / ~이다 / 그녀의 지우개.

⑧

이것들은 / ~이다 / 그녀의 신발.

_____ are her shoes.

_____ are her shoes.

저것들은 / ~이다 / 그녀의 신발.

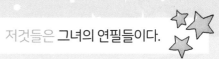

저것들은 그녀의 연필들이다.

❶ 이것은 / ~이다 / 그의 지우개.

[　　　] is his eraser.

❷ 이것은 / ~이다 / 나의 지우개.

This [　　] my [　　　].

❸ 저것은 / ~이다 / 나의 지우개.

[　　] is [　　] eraser.

❹ 저것은 / ~이다 / 나의 연필.

That [　　] my [　　　].

❺ 저것은 / ~이다 / 그녀의 연필.

[　　] [　　] her pencil.

❻ 저것들은 / ~이다 / 그녀의 연필들.

[　　　　　　　　　　　　　]

❼ 저것들은 / ~이다 / 너의 연필들.

Those [　　] your pencils.

❽ 저것들은 / ~이다 / 너의 신발.

[　　] are [　　] shoes.

❾ 이것들은 / ~이다 / 너의 신발.

These are [　　] [　　].

❿ 이것들은 / ~이다 / 그의 신발.

[　　　　　　　　　　　　　]

꿀팁!

This is나 That is 다음에는 1개/1명을 나타내는 말이 오고, These are이나 Those are 다음에는 2개/2명 이상을 나타내는 말이 와요.

That is my cap.
모자 1개

Those are my caps.
모자들

A B 내가 하는 문법 정리!

▶ 우리말에 맞게 영어로 쓰세요.

1. 이것   this

2. 이것들 [　　　　]

3. 저것   [　　　　]

4. 저것들 [　　　　]

❶ 이것들은 나의 스니커즈이다.　[　　　] are [　　　] sneakers.

❷ 이것들은 그의 스니커즈이다.　These [　　　] his [　　　].

❸ 저것들은 그의 스니커즈이다.　Those are [　　　] [　　　].

❹ 저것들은 그녀의 스니커즈이다.　[　　　　　　　　　　]

❺ 저것들은 그녀의 신발이다.　Those [　　　] her shoes.

❻ 저것들은 나의 신발이다.　[　　　] are my [　　　].

❼ 저것은 나의 신발 (한 짝)이다.　[　　　] is my shoe.

❽ 저것은 너의 신발 (한 짝)이다.　That [　　　] your shoe.

❾ 저것은 너의 책이다.　[　　　　　　　　　　]

❿ 이것은 너의 책이다.　This [　　　] your book.

⓫ 이것은 너의 자이다.　[　　　] is [　　　] ruler.

⓬ 이것은 그녀의 자이다.　[　　　　　　　　　　]

확인문제

▶괄호 안에서 알맞은 말을 고르세요.

1. (This / These) is my ruler.　　2. That is her (eraser / erasers).

3. (That / Those) are his sneakers.　　4. These are your (book / books).

이 연필은 짧다.
This pencil is short.

12.mp3

☆ 콕 집어 '이 연필'을 가리킬 때, pencil(사물) 앞에 this를 붙여요

This pencil is short.
이 연필은 짧다.

That desk is big.
저 책상은 크다.

☆ 뒤에 나오는 사물이 둘 이상일 때는 these/those를 써요

These pencils are short. 이 연필들은 짧다.

Those desks are big. 저 책상들은 크다.

새로운 단어   heavy 무거운 │ light 가벼운 │ long 긴 │ gloves 장갑 (두 짝) │ glasses 안경

❶

이 책은 / 무겁다.

This book is heavy.

[   ] book is light.

저 책은 / 가볍다.

❷

이 책들은 / 무겁다.

[   ] books are heavy.

Those books are light.

저 책들은 / 가볍다.

❸

이 지우개는 / 작다.

[   ] eraser is small.

That eraser is big.

저 지우개는 / 크다.

❹

이 지우개들은 / 작다.

These erasers are small.

[   ] erasers are big.

저 지우개들은 / 크다.

❺

이 자는 / 길다.

[   ] ruler is long.

[   ] [   ] is short.

저 자는 / 짧다.

❻

이 자들은 / 길다.

[   ] rulers are long.

[   ] rulers are short.

저 자들은 / 짧다.

❼

이 장갑 (한 짝)은 / 무겁다.

[   ] glove is heavy.

[   ] glove is light.

저 장갑 (한 짝)은 / 가볍다.

❽

이 장갑은 / 무겁다.

[   ] gloves are heavy.

[   ] gloves are light.

저 장갑은 / 가볍다.

장갑이 한 짝일 때는 glove,
한 쌍일 때는 gloves를 써요.

1 이 연필은 / 짧다.

[   ] [   ] is short.

2 저 연필은 / 짧다.

[   ] pencil is [   ].

3 저 연필은 / 길다.

That [   ] is long.

4 저 자는 / 길다.

[   ] ruler [   ] [   ].

5 저 자들은 / 길다.

[   ] rulers [   ] [   ].

6 저 장갑 (두 짝)은 / 길다.

Those gloves [   ] long.

7 저 장갑 (두 짝)은 / 가볍다.

[   ] [   ] are light.

8 이 장갑 (두 짝)은 / 가볍다.

These gloves [   ] [   ].

9 이 안경은 / 가볍다.

[   ]

10 이 안경은 / 작다.

These glasses [   ] small.

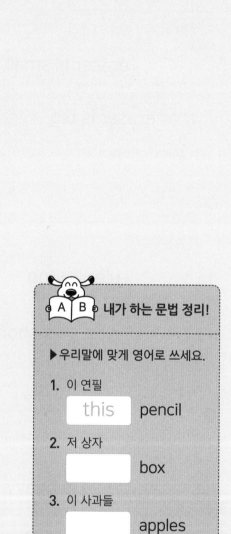

안경, 운동화, 장갑처럼 쌍을 이루는 물건을 가리킬 때는 그 물건에 -s를 붙여요. 하지만 이런 물건들의 한 짝만 말할 때는 -s를 붙이면 안 돼요.

That <u>glove</u> is big.
장갑 한 짝

Those <u>gloves</u> are big.
장갑 두 짝(한 쌍)

A B 내가 하는 문법 정리!

▶ 우리말에 맞게 영어로 쓰세요.

1. 이 연필

[this] pencil

2. 저 상자

[   ] box

3. 이 사과들

[   ] apples

4. 저 의자들

[   ] chairs

 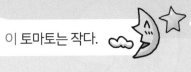
1 이 책들은 무겁다.   [   ] [   ] are heavy.

2 이 책은 무겁다.   This book [   ] [   ] .

3 저 책은 무겁다.   [   ]

4 저 상자는 무겁다.   That box [   ] heavy.

5 저 상자는 크다.   [   ] [   ] is big.

6 저 상자들은 크다.   [   ]

7 저 장갑 (두 짝)은 크다.   Those gloves are [   ] .

8 저 장갑 (두 짝)은 작다.   [   ] [   ] are small.

9 저 안경은 작다.   Those glasses [   ] [   ] .

10 이 안경은 작다.   [   ]

11 이 토마토들은 작다.   [   ] tomatoes [   ] small.

12 이 토마토는 작다.   [   ]

확인
문제

▶괄호 안에서 알맞은 말을 고르세요.

1. (This / These) shoes are small.   2. (That / Those) bench is long.

3. This (tomato / tomatoes) is big.   4. Those boxes (is / are) heavy.

59

13 책 한 권이 있다.
There is a book.

13.mp3

☆ 물건/사람이 '있다'는 There is/are ~로 나타내요

There is **a book.**

책 한 권이 있다.

☆ 하나만 있으면 There is ~, 둘 이상 있으면 There are ~!

There is a chair.

의자 한 개가 있다.

There are two chairs.

의자 두 개가 있다.

새로운 단어 two 둘 | notebook 공책 | three 셋 | pencil case 필통 | four 넷 | five 다섯

필통 한 개가 있다.

❶

있다 / 책 한 권이.

There is a book.

There [   ] two books.

있다 / 책 두 권이.

❷

있다 / 공책 한 권이.

There [   ] a notebook.

[   ] are two notebooks.

있다 / 공책 두 권이.

❸

있다 / 연필 한 자루가.

[   ] is a pencil.

There [   ] three pencils.

있다 / 연필 세 자루가.

❹

있다 / 필통 한 개가.

[   ] is a pencil case.

[   ] [   ] three pencil cases. 있다 / 필통 세 개가.

첫 소리가 모음 소리(a,e,i,o,u)가 나는 단어 (apple, eraser) 앞에는 a 대신 an을 써요.

❺

있다 / 사과 한 개가.

There [   ] an apple.

[   ] are four apples.

있다 / 사과 네 개가.

❻

있다 / 토마토 한 개가.

[   ] [   ] a tomato.

[   ] [   ] four tomatoes.

있다 / 토마토 네 개가.

❼

있다 / 자 한 개가.

[   ] is a ruler.

There [   ] five rulers.

있다 / 자 다섯 개가.

❽

있다 / 지우개 한 개가.

[   ] [   ] an eraser.

[   ] [   ] five erasers.

있다 / 지우개 다섯 개가.

2단계 쓰다 보면 문법이 보여!

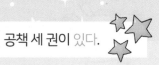

❶ 있다 / 공책 한 권이.

⌐ 하나를 표현할 때는 one 대신 a를 많이 써요.

[　　] [　　] a notebook.

❷ 있다 / 공책 세 권이.

[　　] [　　] three notebooks.

❸ 있다 / 책 세 권이.

There are [　　] books.

❹ 있다 / 책 네 권이.

[　　　　　　　　　　　　　　　　]

❺ 있다 / 책 한 권이.

There is a [　　] .

❻ 있다 / 필통 한 개가.

[　　] [　　] a pencil case.

❼ 있다 / 필통 두 개가.

There are two [　　　] [　　] .

❽ 있다 / 사과 두 개가.

[　　] [　　] two apples.

❾ 있다 / 사과 한 개가.

[　　　　　　　　　　　　　　　]

❿ 있다 / 벤치 한 개가.

[　　] [　　] a bench.

꿀팁! 숫자를 써 보며 익히세요.

0 zero	[　　]
1 one	[　　]
2 two	[　　]
3 three	[　　]
4 four	[　　]
5 five	[　　]
6 six	[　　]
7 seven	[　　]
8 eight	[　　]
9 nine	[　　]
10 ten	[　　]

A B 내가 하는 문법 정리!

▶우리말에 맞게 영어로 쓰세요.

1. 1개가 있다.

There is + 1개.

2. 여러 개가 있다.

[　　] [　　] + 여러 개.

62

출발

❶ 벤치 두 개가 있다. [ ] [ ] two benches.

❷ 벤치 다섯 개가 있다. There [ ] five [ ] .

❸ 토마토 다섯 개가 있다. [ ] are [ ] tomatoes.

❹ 토마토 한 개가 있다. [ ]

❺ 접시 한 개가 있다. [ ] [ ] a dish.

❻ 접시 네 개가 있다. There are four [ ] .

❼ 지우개 네 개가 있다. [ ]

❽ 지우개 한 개가 있다. There is [ ] eraser.

❾ 신발 한 짝이 있다. [ ] [ ] a shoe.

❿ 신발 한 짝이 탁자 아래에 있다. There is [ ] [ ] under the table.

⓫ 장갑이 탁자 아래에 있다. There are gloves [ ] [ ] [ ] .

⓬ 장갑 한 짝이 탁자 아래에 있다. [ ]

도착

확인문제

▶괄호 안에서 알맞은 말을 고르세요.

1. There (is / are) a cat.　　2. There (is / are) two phones.

3. (Those / There) is an eraser.　　4. There are (a book / books).

14 상자 한 개가 있니?
Is there a box?

14.mp3

☆ 어떤 것이 있는지 확인하려고 물어볼 때는 is/are가 there 앞에 와요

Is there a box?

상자 한 개가 있니?

상자 한 개가 있다.
There is a box.

is를 there 앞으로!

Is there a box?
상자 한 개가 있니?

Are there books in the box?

상자 안에 책들이 있니?

There is/are는 in the box처럼
흔히 위치를 알려주는 말과
함께 쓰여요.

☆ 'Is there ~?' 다음에는 하나, 'Are there ~?' 다음에는 둘 이상의 사물/사람

따라 쓰세요!

Is there a box?	Are there books?
Is there a book in the box?	Are there books in the box?

❶

있다 / 상자 한 개가.

There is a box.

——————————

_____ there a box?

있니 / 상자 한 개가?

❷

있다 / 상자들이.

There are boxes.

——————————

Are _____ boxes?

있니 / 상자들이?

→ 물어볼 때는 물음표를 꼭 붙여야 해요.

❸

있다 / 신발 한 짝이.

_____ is a shoe.

——————————

_____ there a shoe?

있니 / 신발 한 짝이?

❹

있다 / 신발이.

_____ are shoes.

——————————

_____ there shoes?

있니 / 신발이?

❺

있다 / 책 한 권이 / 상자 안에.

There is a _____ in the box.

——————————

_____ _____ a book in the box? 있니 / 책 한 권이 / 상자 안에?

❻

있다 / 책들이 / 상자 안에.

There are _____ in the box.

——————————

_____ _____ books in the box? 있니 / 책들이 / 상자 안에?

❼

있다 / 모자 한 개가 / 책상 위에.

There _____ a cap on the desk.

——————————

_____ _____ a cap on the desk? 있니 / 모자 한 개가 / 책상 위에?

❽

There _____ two caps on the desk. 있다 / 모자 두 개가 / 책상 위에.

——————————

_____ _____ two caps on the desk? 있니 / 모자 두 개가 / 책상 위에?

① 있니 / 벤치 한 개가?

[ ] [ ] a bench?

② 있니 / 토마토 한 개가?

Is there a [ ] ?

③ 있니 / 토마토 두 개가?

[ ] there two tomatoes?

④ 있니 / 토마토 두 개가 / 상자 안에?

Are there [ ] [ ] in the box?

⑤ 있니 / 접시들이 / 상자 안에?

[ ] [ ] dishes in the box?

⑥ 있니 / 접시 한 개가 / 상자 안에?

[ ]

⑦ 있니 / 접시 한 개가 / 탁자 위에?

[ ] [ ] a dish on the table?

⑧ 있니 / 사과 한 개가 / 탁자 위에?

Is there an apple [ ] [ ] [ ] ?

⑨ 있니 / 사과들이 / 탁자 위에?

Are there [ ] on the table?

⑩ 있니 / 장갑이 / 탁자 위에?

[ ]

숫자는 사물의 이름 앞에 써요.

우리말은 '책 한 권' 또는 '한 권의 책'처럼 숫자가 책이라는 사물의 앞뒤에 모두 쓰이지만, 영어에서는 숫자를 사물 앞에만 써요.

two apples 사과 두 개
three dishes 접시 세 개
four tomatoes 토마토 네 개
five buses 버스 다섯 대

내가 하는 문법 정리!

▶우리말에 맞게 영어로 쓰세요.

1. 1개가 있니?

[ ] [ ] + 1개?

2. 여러 개가 있니?

[ ] [ ] + 여러 개?

 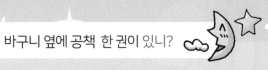
❶ 의자 위에 신발이 있니?　□　□　shoes　□　the chair?

❷ 의자 아래에 신발이 있니?　Are there □ under the □ ?

❸ 의자 아래에 스니커즈가 있니?　Are there sneakers □ □ □ ?

❹ 의자 아래에 스니커즈 한 짝이 있니?　□ there □ □ under the chair?

❺ 의자 아래에 상자 한 개가 있니?　□

❻ 탁자 아래에 상자 한 개가 있니?　Is □ a box under the table?

❼ 탁자 아래에 상자들이 있니?　□ there □ □ the table?

❽ 탁자 아래에 솔들이 있니?　Are □ brushes under □ □ ?

❾ 탁자 옆에 솔들이 있니?　□ □ □ by the table?
➤ '~ 옆에'라는 뜻으로 위치를 나타내는 말이에요.

❿ 탁자 옆에 솔 한 개가 있니?　Is there a brush □ □ □ ?

⓫ 바구니 옆에 솔 한 개가 있니?　□ there □ □ by the basket?

⓬ 바구니 옆에 공책 한 권이 있니?　□

확인문제

▶ 괄호 안에서 알맞은 말을 고르세요.

1. (Is / Are) there pencils on the desk?

2. (Is / Are) there a cat under the table?

그는 훌륭한 요리사이다.
He is a good cook.

☆ 어떤 사람인지 표현할 때는 '형용사'를 써요

'훌륭한, 긴'처럼 사람이나 사물의 생김새나 상태를 나타내는 말을 '형용사'라고 해요.

He is a good cook.

그는 훌륭한 요리사이다.

> 5과에서는 형용사가 be동사 뒤에 쓰였죠?
> good cook(훌륭한 요리사)처럼
> 사람이나 사물을 앞에서 꾸며 줄 때도 쓰여요.

☆ 어떤 물건인지 표현할 때도 '형용사'를 써요

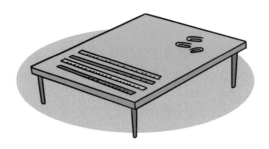

These are long rulers.

이것은 긴 자들이다.

새로운 단어 good 훌륭한, 좋은 | short 짧은, (키가) 작은

1

나는 ~이다 / 경찰.

I am a police officer.

I am a ☐ police officer.

나는 ~이다 / 훌륭한 경찰.

2

우리는 ~이다 / 경찰들.

We are police officers.

We are ☐ police ☐ .

우리는 ~이다 / 훌륭한 경찰들.

3

이것은 ~이다 / 자.

This is a ☐ .

This is a ☐ ruler.

이것은 ~이다 / 긴 자.

4

이것들은 ~이다 / 자들.

These are rulers.

These are ☐ ☐ .

이것들은 ~이다 / 긴 자들.

5

저것은 ~이다 / 탁자.

That is a ☐ .

That is a ☐ table.

저것은 ~이다 / 작은 탁자.

6

저것들은 ~이다 / 탁자들.

Those are ☐ .

Those are ☐ ☐ .

저것들은 ~이다 / 작은 탁자들.

7

있다 / 벤치가.

There is a bench.

There is a ☐ ☐ .

있다 / 큰 벤치가.

8

있다 / 벤치들이.

There are benches.

There are ☐ ☐ .

있다 / 큰 벤치들이.

① 그는 ~이다 / 행복한 요리사.

He is a ☐ ☐ .

② 그녀는 ~이다 / 행복한 요리사.

She ☐ a happy cook.

③ 그녀는 ~이다 / 훌륭한 요리사.

☐ is ☐ good cook.

④ 그들은 ~이다 / 훌륭한 요리사들.

They are ☐ ☐ .

⑤ 그들은 ~이다 / 훌륭한 유튜버들.

☐ ☐ ☐ YouTubers.

⑥ 이 사람들은 ~이다 / 훌륭한 유튜버들.

These ☐ good ☐ .

⑦ 이 사람은 ~이다 / 훌륭한 유튜버.

This is ☐ ☐ ☐ .

⑧ 이것은 ~이다 / 좋은 토마토.

☐

⑨ 이것들은 ~이다 / 좋은 토마토들.

These ☐ good tomatoes.

⑩ 이것들은 ~이다 / 작은 토마토들.

☐

 내가 하는 문법 정리!

▶ 우리말에 맞게 영어로 쓰세요.

1. 행복한 게이머 한 명

   a happy gamer

2. 행복한 게이머들

   ☐ ☐

3. 작은 책 한 권

   a ☐ book

4. 작은 책들

   ☐ ☐

사람을 가리킬 때도 this/that!

this: 이 사람   that: 저 사람
these: 이 사람들   those: 저 사람들

This is my friend.
이 사람은 내 친구야.

❶ 이것은 긴 버스이다.　　This is a ☐ ☐ .

❷ 이것들은 긴 버스들이다.　　☐ are long ☐ .

❸ 저것들은 긴 버스들이다.　　Those ☐ ☐ buses.

❹ 긴 버스들이 있다.　　There are ☐ ☐ .

❺ 긴 연필들이 있다.　　☐ are ☐ pencils.

❻ 긴 연필이 있다.　　☐

❼ 짧은 연필이 있다.　　☐ ☐ a short pencil.

❽ 짧은 자가 있다.　　There is a ☐ ruler.

❾ 짧은 자들이 있다.　　☐

❿ 저것들은 짧은 자들이다.　　Those ☐ short rulers.

⓫ 저것은 짧은 자이다.　　That is ☐ ☐ ☐ .

⓬ 저것은 짧은 벤치이다.　　☐

확인문제

▶괄호 안의 단어를 바르게 배열하여 문장을 완성하세요.

1. Those are ☐ ☐ . (buses / fast)

2. She is a ☐ ☐ . (happy / teacher)

[1~4] 그림을 보고, 공이 어디에 있는지 쓰세요.

1.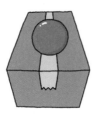

_____ the box

2.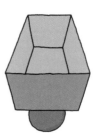

_____ the box

3.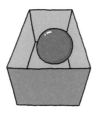

_____ the box

4.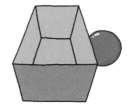

_____ _____ the box

[5~7] 'There is/are'를 이용하여 문장을 완성하세요.

5.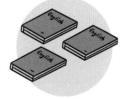

There _____ three notebooks.

6.

_____ _____ an apple.

7.

_____ _____ five erasers.

8. 다음 단어를 둘 이상일 때 쓰는 형태(복수형)로 바꾸세요.

1) this ➡ _____

2) that ➡ _____

3) bench ➡ _____

4) dish ➡ _____

5) bus ➡ _____

6) tomato ➡ _____

[9~10] 빈칸에 알맞은 말을 고르세요.

9.

There _____ three rulers.

① am   ② are   ③ is

10.

_____ desk is heavy.

① This   ② These   ③ There

[11~13] 밑줄 친 부분을 바르게 고쳐 쓰세요.

11. <u>These</u> bench is long.   ➡ _____

12. There <u>is</u> three cats.   ➡ _____

13. Those are heavy <u>boxs</u>.   ➡ _____

[14~15] 빈칸에 알맞지 <u>않은</u> 말을 고르세요.

14.

> There are _____ brothers.

① happy　　　② tall　　　③ gamer

15.

> _____ are my parents.

① These　　　② It　　　③ Those

[16~17] 우리말과 일치하도록 괄호 안의 단어를 바르게 배열하세요.

16.

> 이 신발은 작다.　(small / These shoes / are)

➡ _____

17.

> 그녀의 안경은 책상 위에 있다.　(on the desk / Her glasses / are)

➡ _____

[18~19] 다음 문장을 물어보는 문장으로 바꿔 쓰세요.

18. There is a light book.　➡ _____

19. You are a good singer.　➡ _____

[20~22] 우리말과 일치하도록 빈칸에 알맞은 말을 쓰세요.

20. 네 개의 토마토들이 있니?　　➡　_____ there four tomatoes?

21. 상자 안에 장갑이 있니?　　➡　_____ _____ gloves in the box?

22. 탁자 아래에 그녀의 모자가 있니? ➡ _____ _____ her cap under the table?

[23~25] 그림을 보고 빈칸에 사물의 위치를 나타내는 말을 쓰세요.

23.

The cat is _____ _____ the box.

24.

The book is _____ the bag.

25.

The chair is _____ the desk.

나는 사과를 먹는다.
I eat an apple.

17.mp3

☆ '먹고', '만드는' 움직임은 '일반동사'로 나타내요

움직임을 나타내는 동사는 be동사와 구분해서 '일반동사'라고 불러요.

I eat an apple.
나는 사과를 먹는다.

They make a cake.
그들은 케이크를 만든다.

우리말은 '무엇을' 만드는지 먼저 말하지만,
영어는 '만든다' 라는 동작부터 말해요.
영어 순서: 그들은 / 만든다 / 케이크를

☆ '좋아하고', '원하는' 마음의 움직임도 '일반동사'로 나타내요

나는 바나나를 원해!

You like tomatoes.
너는 토마토들을 좋아한다.

I want a banana.
나는 바나나를 원한다.

새로운 단어 eat 먹다 | make 만들다 | like 좋아하다 | want 원하다 | buy 사다 | have 가지다
love 사랑하다

❶

나는 / 먹는다 / 사과를.

I eat an apple.

We [   ] an apple.

우리는 / 먹는다 / 사과를.

❷

나는 / 산다 / 사과들을.

I buy apples.

We [   ] apples.

우리는 / 산다 / 사과들을.

❸

너는 / 좋아한다 / 토마토들을.

You like tomatoes.

They [   ] tomatoes.

그들은 / 좋아한다 / 토마토들을.

❹

우리는 / 무척 좋아한다 / 토마토들을.

We love tomatoes.

You [   ] tomatoes.

너희들은 / 무척 좋아한다 / 토마토들을.

❺

나는 / 원한다 / 바나나를.

I want a banana.

You [   ] a banana.

너는 / 원한다 / 바나나를.

❻

나는 / 먹는다 / 바나나 두 개를.

I eat two bananas.

They [   ] two bananas.

그들은 / 먹는다 / 바나나 두 개를.

❼

우리는 / 만든다 / 케이크를.

We make a cake.

They [   ] a cake.

그들은 / 만든다 / 케이크를.

❽

우리는 / 가지고 있다 / 케이크들을.

We have cakes.

They [   ] cakes.

그들은 / 가지고 있다 / 케이크들을.

쓰다 보면
문법이 보여!

 너는 토마토를 가지고 있다.

① 너는 / 가지고 있다 / 토마토를.

You ☐ a tomato.

② 너는 / 먹는다 / 토마토를.

You eat ☐ ☐ .

③ 나는 / 먹는다 / 토마토를.

☐

④ 나는 / 먹는다 / 바나나 세 개를.

I ☐ three ☐ .

⑤ 그들은 / 먹는다 / 바나나 세 개를.

☐ ☐ ☐ bananas.

⑥ 그들은 / 산다 / 바나나 세 개를.

They buy ☐ ☐ .

⑦ 그들은 / 산다 / 책 세 권을.

☐ ☐ three books.

⑧ 우리는 / 산다 / 책 세 권을.

We buy ☐ ☐ .

⑨ 우리는 / 가지고 있다 / 책 세 권을.

☐ have three ☐ .

⑩ 나는 / 가지고 있다 / 책 세 권을.

☐

목적어

동사 다음에 '~을/를'에 해당하는 말
이 오면 '목적어'라고 해요.

나는 / 먹는다 / 토마토를.

I eat a tomato.
주어 동사 목적어

 내가 하는 문법 정리!

▶ 우리말에 알맞는 일반동사를 쓰세요.

1. 나는 바나나를 먹는다.

I eat a banana.

2. 우리는 토마토들을 가지고 있다.

We ☐ tomatoes.

 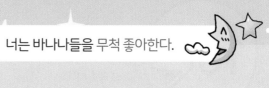

❶ 그들은 케이크를 원한다.   They [   ] a cake.

❷ 우리는 케이크를 원한다.   We want [ ] [   ].

❸ 우리는 케이크를 만든다.   [   ] make a cake.

❹ 그들은 케이크를 만든다.   They [   ] a cake.

❺ 그들은 케이크를 먹는다.   [   ]

❻ 그들은 사과들을 먹는다.   [   ] eat apples.

❼ 그들은 사과들을 좋아한다.   They [   ] [   ].

❽ 나는 사과들을 좋아한다.   [   ]

❾ 나는 토마토들을 좋아한다   [   ] like [   ].

❿ 너는 토마토들을 좋아한다.   [   ] [   ] tomatoes.

⓫ 너는 토마토들을 무척 좋아한다.   You love [   ].

⓬ 너는 바나나들을 무척 좋아한다.   [   ]

확인문제

▶ 빈칸에 알맞은 동사를 고르세요.

1. They _____ bananas.

    ① eat   ② make   ③ be

2. We _____ books.

    ① be   ② eat   ③ like

18

너는 나를 좋아한다.
You like me.

18.mp3

☆ '나를'은 me, '그를'은 him

나를?

You like me.
너는 나를 좋아한다.

I love him.
나는 그를 사랑한다.

'~을/를' 자리에 쓰이는 말을 '목적어'라고 해요.

☆ '~을/를' 자리에 쓰이는 말은 인칭에 따라 모양이 달라져요

1인칭(나 포함)		2인칭(너 포함)		3인칭(제3자)			
나를	우리를	너를	너희들을	그를	그녀를	그것을	그들을/그것들을
me	us	you	you	him	her	it	them
me	us	you	you	him	her	it	them

 따라 쓰세요!

영어는 똑같은 '나'를 말해도 자리에 따라 쓰는 단어가 달라요.
"나는 너를 사랑해."의 '나는'처럼 주어 자리에 쓰이면 'I'로!
"너도 나를 사랑해."의 '나를'처럼 목적어 자리에 쓰이면 'me'로!

새로운 단어 meet 만나다

80

❶

그들은 / 사랑한다 / 나를.

They love me.

They love ⬚ .

그들은 / 사랑한다 / 우리를.

❷

나는 / 만난다 / 너를.

I meet you.

I meet ⬚ .

나는 / 만난다 / 너희들을.

❸

나는 / 좋아한다 / 그녀를.

I like ⬚ .

I like him.

나는 / 좋아한다 / 그를.

❹

우리는 / 사랑한다 / 그녀를.

We love her.

We love ⬚ .

우리는 / 사랑한다 / 그들을.

❺

너는 / 만든다 / 그것을.

You make ⬚ .

You make them.

너는 / 만든다 / 그것들을.

❻

나의 부모는 / 원한다 / 그것들을.

My parents want ⬚ .

My parents want it.

나의 부모는 / 원한다 / 그것을.

❼

그들은 / 사랑한다 / 우리를.

They love ⬚ .

They love ⬚ .

그들은 / 사랑한다 / 너희들을.

❽

나의 오빠들은 / 좋아한다 / 그녀를.

My brothers like ⬚ .

My sisters like ⬚ .

나의 언니들은 / 좋아한다 / 그를.

① 나는 / 좋아한다 / 너를.

I like [ ] .

꿀팁! you는 '너는'(주어)일 때도 '너를'(목적어)일 때도 모두 you!
'너'(한 명)일 때도 '너희들'(여러 명)일 때도 모두 you!

② 우리는 / 좋아한다 / 너를.

We [ ] you.

③ 우리는 / 사랑한다 / 너를.

[ ] love [ ] .

④ 우리는 / 사랑한다 / 그녀를.

We [ ] her.

⑤ 너는 / 사랑한다 / 그녀를.

[ ]

문장 끝에는 마침표를 꼭 찍어요!

⑥ 너는 / 만난다 / 그녀를.

You meet [ ] .

⑦ 너는 / 만난다 / 그를.

[ ] [ ] him.

⑧ 나는 / 만난다 / 그를.

I [ ] [ ] .

⑨ 나는 / 좋아한다 / 그를.

I like [ ] .

⑩ 그들은 / 좋아한다 / 그를.

[ ]

A B 내가 하는 문법 정리!

▶ 우리말을 보고 영어로 쓰세요.

1. 너를 | you |

2. 그들을 [ ]

3. 그를 [ ]

4. 그녀를 [ ]

5. 우리를 [ ]

6. 나를 [ ]

7. 그것을 [ ]

3단계 영작이 되면 이 영문법은 OK!

나의 부모는 나를 사랑한다.

출발!

❶ 나는 그것들을 만든다.   I make [   ] .

❷ 우리는 그것들을 만든다.   We [   ] them.

❸ 우리는 그것들을 원한다.   [   ]

❹ 우리는 그것을 원한다.   [   ] want it.

❺ 너는 그것을 원한다.   You [   ] [   ] .

❻ 너는 우리를 원한다.   [   ] want us.

❼ 그들은 우리를 원한다.   [   ]

❽ 그들은 우리를 만난다.   They meet [   ] .

❾ 그들은 나를 만난다.   [   ] [   ] me.

❿ 그들은 나를 좋아한다.   [   ]

⓫ 나의 부모는 나를 좋아한다.   My parents like [   ] .

⓬ 나의 부모는 나를 사랑한다.   [   ]

도착!

확인문제

▶괄호 안에서 알맞은 말을 고르세요.

1. They meet (us / our).

2. His parents love (him / his).

3. We make (them / their).

4. You love (my / me).

83

19 그녀는 사과를 먹는다.
She eats an apple.

19.mp3

☆ 움직임을 나타내는 '일반동사' 가 He, She, It을 만나면 동사 모양이 바뀌어요.

She eats an apple.   그녀는 사과를 먹는다.

He eats a tomato.   그는 토마토를 먹는다.

It ⌐eats⌐ a banana.   그것은 바나나를 먹는다.

→ 주어가 He, She, It일 때
일반동사 끝에는 -s를 붙여요.

☆ 주어에 따라 바뀌는 동사 모양

나, 너 말고 다른 사람/동물이나 물건이 하나일 때는 '3인칭 단수'라고 해요. 주어가 3인칭 단수일 때는 일반동사 끝에 -s를 붙여요. '먹다'를 말할 때도 He, She, It일 때는 eats라고 쓰고 I, You, We, They일 때는 그냥 eat을 쓰면 돼요.

새로운 단어 | soccer 축구 | ice cream 아이스크림 | pizza 피자 | orange 오렌지
basketball 농구 | baseball 야구

①

나는 / 좋아한다 / 축구를.

I like soccer.

He likes soccer.

그는 / 좋아한다 / 축구를.

②

나의 친구들은 / 좋아한다 / 축구를.

My friends ☐ soccer.

My friend ☐ soccer.

나의 친구는 / 좋아한다 / 축구를.

→ 'My friend'는 다른 사람 한 명(3인칭 단수)이므로,
동사 모양이 바뀌어요.

③

너는 / 먹는다 / 아이스크림을.

You eat an ice cream.

She ☐ an ice cream.

그녀는 / 먹는다 / 아이스크림을.

④

당신의 아들들은 / 먹는다 / 아이스크림을.

Your sons ☐ an ice cream.

He로 생각해요.

Your son ☐ an ice cream.

당신의 아들은 / 먹는다 / 아이스크림을.

⑤

우리는 / 만든다 / 피자를.

We make a pizza.

He ☐ a pizza.

그는 / 만든다 / 피자를.

⑥

우리의 엄마들은 / 만든다 / 피자를.

Our moms ☐ a pizza.

She로 생각해요.

Our mom ☐ a pizza.

우리의 엄마는 / 만든다 / 피자를.

⑦

그들은 / 산다 / 오렌지들을.

They ☐ oranges.

She ☐ oranges.

그녀는 / 산다 / 오렌지들을.

⑧

그녀의 언니들은 / 산다 / 오렌지들을.

Her sisters ☐ oranges.

Her sister ☐ oranges.

그녀의 언니는 / 산다 / 오렌지들을.

그는 축구를 한다.

① 그는 / 한다 / 축구를.

He ⬚ soccer.

② 나의 여동생은 / 한다 / 축구를.

My sister plays ⬚ .

play (운동을) 하다

어떤 운동을 한다고 말할 때는 동사 play를 쓰고, 그 뒤에 운동 이름을 쓰면 돼요.

〈play+운동 이름〉
play basketball　농구를 하다
play table tennis　탁구를 치다

③ 나의 여동생은 / 한다 / 농구를.

⬚ ⬚ ⬚ basketball.

④ 그의 친구는 / 한다 / 농구를.

⬚

⑤ 그의 친구는 / 좋아한다 / 농구를.

His friend ⬚ basketball.

⑥ 그의 친구는 / 좋아한다 / 야구를.

⬚ ⬚ likes baseball.

⑦ 그의 친구들은 / 좋아한다 / 야구를.

His friends ⬚ ⬚ .

⑧ 그의 친구들은 / 무척 좋아한다 / 야구를.

⬚ ⬚ love baseball.

⑨ 그녀의 친구는 / 무척 좋아한다 / 야구를.

Her friend ⬚ ⬚ .

⑩ 그녀는 / 무척 좋아한다 / 야구를.

⬚

A B 내가 하는 문법 정리!

3인칭 단수

▶주어가 He, She, It일 때 다음 동사의 알맞은 모양을 쓰세요.

1. like　likes

2. buy　⬚

3. eat　⬚

4. love　⬚

5. make　⬚

6. play　⬚

그녀는 나를 사랑한다.

❶ 그녀는 아이스크림을 만든다.　She ☐ an ice cream.

❷ 나의 엄마는 아이스크림을 만든다.　My mom makes an ☐ ☐ .

❸ 나의 엄마는 아이스크림을 산다.　☐ ☐ buys ☐ ice cream.

❹ 그의 아빠는 아이스크림을 산다.　☐

❺ 그의 아빠는 사과들을 산다.　His dad ☐ apples.

❻ 그의 아빠는 사과들을 먹는다.　☐ ☐ eats apples.

❼ 그는 사과들을 먹는다.　☐

❽ 그는 오렌지를 먹는다.　He ☐ an orange.

❾ 그녀는 오렌지를 먹는다.　She eats ☐ ☐ .

❿ 그녀는 오렌지들을 무척 좋아한다.　She ☐ oranges.

⓫ 그녀는 그것들을 무척 좋아한다.　She ☐ ☐ .

⓬ 그녀는 나를 사랑한다.　☐

확인문제

▶ 괄호 안에서 알맞은 말을 고르세요.

1. She (buy / buys) an eraser.
2. My mom (love / loves) me.
3. His son (play / plays) basketball.
4. He (make / makes) a pizza.

그녀는 그녀의 얼굴을 씻는다.
She washes her face.

20.mp3

☆ 주어가 He, She, It일 때 특별한 동사 끝에는 -es를 붙여요

She washes her face.

그녀는 그녀의 얼굴을 씻는다. ⟶ wash+- es → washes

☆ 주어가 He, She, It(3인칭 단수)일 때 -es를 붙이는 동사들

동사 끝 주의!

1. -x/-s/-ch/-o/-sh로 끝나면 -es를 붙여요.

fix ⇒ fixes   kiss ⇒ kisses   watch ⇒ watches

go ⇒ goes   wash ⇒ washes

-es를 붙이는 규칙은 사물(명사)의 복수형을 만들 때와 같아요. box → boxes

2. 자음+y로 끝나면 y를 i로 고친 뒤 -es를 붙여요.

study ⇒ studies   cry ⇒ cries

새로운 단어   wash 씻다 | face 얼굴 | fix 고치다 | kiss 키스하다 | watch 보다 | go 가다
study 공부하다 | cry 울다 | hand 손 | TV 텔레비전 | English 영어 | bike 자전거
computer 컴퓨터 | sports 스포츠 | movie 영화 | enjoy 즐기다

❶
나는 / 씻는다 / 나의 얼굴을.

I [   ] my face.

My mom washes her face.

나의 엄마는 / 씻는다 / 그녀의 얼굴을.

❷
너는 / 씻는다 / 너의 손을.

You wash your hands.

He [   ] his hands.

그는 / 씻는다 / 그의 손을.

❸
그들은 / 본다 / 텔레비전을.

They watch TV.

Their son [   ] TV.

그들의 아들은 / 본다 / 텔레비전을.

❹
우리는 / 본다 / 텔레비전을.

We [   ] TV.

He [   ] TV.

그는 / 본다 / 텔레비전을.

❺
너는 / 공부한다 / 영어를.

You study English.

Your sister [   ] English.

너의 언니는 / 공부한다 / 영어를.

❻
너희들은 / 공부한다 / 영어를.

You [   ] English.

Mia [   ] English.

미아는 / 공부한다 / 영어를.

❼
우리는 / 고친다 / 자전거를.

We fix a bike.

Our son [   ] a bike.

우리의 아들은 / 고친다 / 자전거를.

❽
그들은 / 고친다 / 자전거를.

They [   ] a bike.

Liam [   ] a bike.

리암은 / 고친다 / 자전거를.

그녀는 자전거를 고친다.

① 미아는 / 씻는다 / 그녀의 얼굴을.

Mia [　　] her face.

② 미아는 / 씻는다 / 그녀의 손을.

Mia washes [　　] hands.

③ 그녀는 / 씻는다 / 그녀의 손을.

She [　　] her [　　].

④ 그녀는 / 씻는다 / 자전거를.

[　　] washes a bike.

⑤ 그녀는 / 고친다 / 자전거를.

She fixes [　][　　].

⑥ 그녀는 / 고친다 / 컴퓨터를.

[　　][　　] a computer.

⑦ 리암은 / 고친다 / 컴퓨터를.

Liam [　　][　　].

⑧ 리암은 / 본다 / 텔레비전을.

[　　][　　] TV.

⑨ 리암의 아빠는 / 본다 / 텔레비전을.

Liam's dad watches [　　].

⑩ 리암의 남동생은 / 본다 / 텔레비전을.

[　　　　　　　　　　　]

내가 하는 문법 정리!

▶ 주어가 He, She, It일 때 다음 동사의 알맞은 모양을 쓰세요.

1. wash [washes]
2. study [　　]
3. watch [　　]
4. fix [　　]

 '리암의 남동생'이나 '리암의 아빠'처럼 어떤 사람의 소유를 나타낼 때는 사람 이름 다음에 's를 붙여요.

Liam's brother
리암의 남동생
Liam's dad
리암의 아빠

90

① 미아의 여동생은 스포츠를 본다.　Mia's sister [　] sports.

② 그녀의 여동생은 스포츠를 본다.　Her sister watches [　].

③ 그녀는 스포츠를 본다.　[　] [　] sports.

④ 그녀는 영화를 본다.　She [　] movies.

⑤ 그녀는 영화를 즐긴다.　She enjoys [　].

> buy, enjoy처럼 <모음+y>로 끝나는 단어는 주어가 He/She/It일 때 -s만 붙여요. 모음은 a, e, i, o, u!

⑥ 리암은 영화를 즐긴다.　Liam [　] [　].

⑦ 리암은 영화를 공부한다.　[　]

⑧ 리암의 친구는 영화를 공부한다.　Liam's [　] studies movies.

⑨ 리암의 친구는 영어를 공부한다.　Liam's friend [　] English.

⑩ 그는 영어를 공부한다.　[　]

⑪ 그는 수학을 공부한다.　He [　] math.

⑫ 나의 형은 수학을 공부한다.　[　]

확인문제

▶괄호 안에서 알맞은 말을 고르세요.

1. He (watch / watches) TV.　　2. She (washs / washes) her hands.

3. Her brother (fixes / fix) a bike.　　4. Liam's friend (study / studies) math.

나는 8시에 등교한다.
I go to school at 8:00.

21.mp3

☆ 시간을 나타내는 말 앞에는 at, on, in과 같은 단어를 함께 써요

at + 시각

I go to school at 8:00.

나는 8시에 등교한다.

on + 요일

She plays soccer on Monday.

그녀는 월요일에 축구를 한다.

in + 오전 / 오후 / 저녁

They go swimming in the morning.

그들은 아침에 수영하러 간다.

in the morning,
in the afternoon,
in the evening
이렇게 써요~

새로운 단어 go to school 등교하다 | go swimming 수영하러 가다 | play the piano 피아노를 치다

 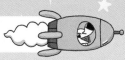

❶

나는 / 등교한다 / 8시에.

I go to school at 8:00.

He goes to school [ ] 8:30.

그는 / 등교한다 / 8시 30분에.

go의 3인칭 단수형은 goes예요.

❷

그녀는 / 축구를 한다 / 월요일에.

She plays soccer on Monday.

They play soccer [ ]

Tuesday. 그들은 / 축구를 한다 / 화요일에.

❸

우리는 / 점심을 먹는다 / 12시에. → have는 '먹다'라는 뜻도 있어요.

We have lunch [ ] 12:00.

She has lunch [ ] 12:30.

그녀는 / 점심을 먹는다 / 12시 30분에.

have의 3인칭 단수형은 has예요.

❹

Ava studies English [ ]

Wednesday. 애바는 / 영어를 공부한다 / 수요일에.

I study English [ ]

Thursday. 나는 / 영어를 공부한다 / 목요일에.

❺

They go swimming in the

morning. 그들은 / 수영하러 간다 / 오전에.

I go swimming [ ] the

evening. 나는 / 수영하러 간다 / 저녁에.

❻

Jack goes shopping [ ]

Friday. 잭은 / 쇼핑하러 간다 / 금요일에.

We go shopping [ ]

Saturday. 우리는 / 쇼핑하러 간다 / 토요일에.

❼

They play the piano [ ] the

afternoon. 그들은 / 피아노를 친다 / 오후에.

Mom plays the piano [ ]

the evening. 엄마는 / 피아노를 친다 / 저녁에.

❽

너는 / 야구를 한다 / 일요일에.

You play baseball [ ] Sunday.

She plays baseball [ ]

[ ] . 그녀는 / 야구를 한다 / 월요일에.

❶ 그는 / 영어를 공부한다 / 화요일에.

He studies English [ ] Tuesday.

❷ 잭은 / 영어를 공부한다 / 화요일에.

Jack [ ] English on [ ] .

❸ 잭은 / 수학을 공부한다 / 화요일에.

[ ]

❹ 잭은 / 수학을 공부한다 / 저녁에.

Jack [ ] math [ ] the evening.

❺ 잭은 / 쇼핑하러 간다 / 저녁에.

Jack goes shopping in the [ ] .

❻ 그녀는 / 쇼핑하러 간다 / 저녁에.

She [ ] [ ] in the evening.

❼ 그녀는 / 쇼핑하러 간다 / 오후에.

[ ] goes shopping [ ] the afternoon.

❽ 그녀는 / 피아노를 친다 / 오후에.

She [ ] the piano in the [ ] .

❾ 나는 / 피아노를 친다 / 오후에.

I play [ ] [ ] in the afternoon.

❿ 나는 / 야구를 한다 / 오후에.

[ ]

요일을 써 보며 익히세요.

월 Monday	[ ]
화 Tuesday	[ ]
수 Wednesday	[ ]
목 Thursday	[ ]
금 Friday	[ ]
토 Saturday	[ ]
일 Sunday	[ ]

A B 내가 하는 문법 정리!

▶ 서로 어울리는 말을 찾아 선으로 연결하세요.

1. in •   • 4:00

2. at •   • Wednesday

3. on •   • the morning

 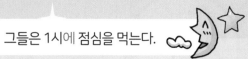

① 우리는 7시30분에 등교한다.　We ☐ to school ☐ 7:30.

② 애바는 7시30분에 등교한다.　Ava goes to school ☐ ☐ .

③ 애바는 7시30분에 수영하러 간다.　Ava ☐ swimming ☐ ☐ .

④ 애바는 오전에 수영하러 간다.　Ava goes swimming ☐ the ☐ .

⑤ 그들은 오전에 수영하러 간다.　They ☐ ☐ in the morning.

⑥ 그들은 오전에 피아노를 친다.　☐ play the piano ☐ the morning.

⑦ 그들은 금요일에 피아노를 친다.　☐

⑧ 그는 금요일에 피아노를 친다.　He ☐ ☐ ☐ on Friday.

⑨ 그는 1시에 피아노를 친다.　He ☐ the piano at 1:00.

⑩ 그는 1시에 점심을 먹는다.　☐ has lunch ☐ ☐ .

⑪ 그녀는 1시에 점심을 먹는다.　☐

⑫ 그들은 1시에 점심을 먹는다.　☐

확인문제

▶괄호 안에서 알맞은 말을 고르세요.

1. We play baseball (at / on / in) Thursday.

2. Mom goes shopping (at / on / in) the afternoon.

95

22 우리는 자주 컬링하러 간다.
We often go curling.

22.mp3

☆ 어떤 행동을 '얼마나 자주' 하는지 나타내는 말

always(항상), often(자주) 등 빈도가 얼마나 잦은지 나타내는 말을 '빈도 부사'
라고 해요.

We [often] go curling. 우리는 자주 컬링하러 간다.

일반동사(go) 앞

빈도 부사는 go나 play와
같이 움직임을 나타내는
일반동사 앞에 써요.

☆ 빈도에 따라 쓰는 단어가 달라요

[주어] + [빈도 부사] + [일반동사]

← 빈도가 높다   빈도가 낮다 →

100%	80~90%	60~70%	40~50%	0%
항상 **always**	보통, 대개 **usually**	자주, 종종 **often**	가끔, 때때로 **sometimes**	절대 ~ 않다 **never**

새로운 단어   go curling 컬링하러 가다 | breakfast 아침 (식사)

96

❶

나는 / 항상 / 우유를 마신다.

I always drink milk.

She ☐ drinks milk.

그녀는 / 자주 / 우유를 마신다.

❷

너는 / 항상 / 아침을 먹는다.

You ☐ eat breakfast.

Liam often eats breakfast.

리암은 / 자주 / 아침을 먹는다.

❸

미아는 / 가끔 / 수영하러 간다.

Mia sometimes goes swimming.

We ☐ go swimming in the evening. 우리는 / 대개 / 수영하러 간다 / 저녁에.

❹

그는 / 가끔 / 쇼핑하러 간다.

He ☐ goes shopping.

They usually go shopping on Sunday. 그들은 / 대개 / 쇼핑하러 간다 / 일요일에.

❺

그녀는 / 자주 / 피아노를 친다.

She often plays the piano.

They ☐ play the piano.

그들은 / 절대 ~ 않다 / 피아노를 친다.
(그들은 절대 피아노를 치지 않는다.)

❻

잭은 / 자주 / 축구를 한다.

Jack ☐ plays soccer.

We never play soccer.

우리는 / 절대 ~ 않다 / 축구를 한다.
(우리는 절대 축구를 하지 않는다.)

❼

애바는 / 절대 ~ 않다 / 텔레비전을 본다.

Ava ☐ watches TV.

You ☐ watch TV.

너는 / 가끔 / 텔레비전을 본다.

❽

그녀는 / 절대 ~ 않다 / 영화를 본다.

She ☐ watches a movie.

I ☐ watch a movie.

나는 / 가끔 / 영화를 본다.

1 잭은 / 가끔 / 우유를 마신다.

Jack ☐ drinks ☐ .

2 그는 / 가끔 / 우유를 마신다.

He sometimes ☐ milk.

3 그는 / 가끔 / 기타를 친다.

He ☐ plays the guitar.

4 나는 / 가끔 / 기타를 친다.

☐

5 나는 / 자주 / 기타를 친다.

I often ☐ ☐ ☐ .

6 나는 / 자주 / 컬링하러 간다.

I ☐ go curling.

7 미아는 / 자주 / 컬링하러 간다.

Mia ☐ goes ☐ .

8 미아는 / 절대 ~ 않다 / 컬링하러 간다.

☐ never ☐ curling.

9 미아는 / 절대 ~ 않다 / 텔레비전을 본다.

Mia ☐ watches TV.

10 우리는 / 절대 ~ 않다 / 텔레비전을 본다.

☐

꿀팁!

play (악기를) 연주하다

play가 악기와 함께 쓰이면 그 '악기를
연주하다'라는 뜻이 돼요.

〈play+the+악기명〉
play the guitar 기타를 치다.
play the piano 피아노를 치다
play the violin 바이올린을 연주하다.

A B 내가 하는 문법 정리!

▶우리말을 보고 영어로 쓰세요.

1. 보통, 대개 | usually

2. 절대 ~ 않다 | ☐

3. 가끔 | ☐

4. 종종 | ☐

5. 항상 | ☐

❶ 그는 항상 오후에 수영하러 간다.

He _____ goes swimming _____ _____ _____ .

❷ 그녀는 항상 오후에 수영하러 간다.

She always _____ _____ in the afternoon.

❸ 그녀는 항상 오후에 영어를 공부한다.

She _____ _____ English in the afternoon.

❹ 그녀는 항상 저녁에 영어를 공부한다.

_____ always studies English _____ the evening.

❺ 그녀는 보통(대개) 저녁에 영어를 공부한다.

She usually _____ _____ in the evening.

❻ 나는 보통(대개) 저녁에 영어를 공부한다.

_____

❼ 나는 보통(대개) 저녁에 피아노를 친다.

I _____ play the piano _____ _____ _____ .

❽ 나는 보통(대개) 토요일에 피아노를 친다.

I usually _____ _____ _____ on Saturday.

❾ 나는 토요일에 절대 피아노를 치지 않는다.

_____

❿ 나는 토요일에 절대 텔레비전을 보지 않는다.

I never watch TV _____ _____ .

⓫ 잭은 토요일에 절대 텔레비전을 보지 않는다.

Jack _____ _____ _____ on Saturday.

그녀는 가끔 늦는다.
She is sometimes late.

23.mp3

☆ be동사 문장에서 '얼마나 자주'를 나타낼 때는 be동사 뒤에 써요

She is [sometimes] late.
그녀는 가끔 늦는다.

be동사(am, are, is) 뒤!

He is [always] angry.
그는 항상 화가 난다.

새로운 단어 late 늦은, 지각한 | angry 화가 난 | thirsty 목이 마른 | hungry 배가 고픈

나는 자주 목이 마르다.

①

나는 / 항상 / 목이 마르다.

I am always thirsty.

I am [   ] thirsty.

나는 / 자주 / 목이 마르다.

②

그는 / 항상 / 화가 난다.

He is [   ] angry.

We are often angry.

우리는 / 자주 / 화가 난다.

③

너는 / 가끔 / 슬프다.

You are sometimes sad.

You are [   ] sad.

너는 / 절대 ~ 않다 / 슬프다.

④

미아는 / 가끔 / 행복하다.

Mia is [   ] happy.

They [   ] never happy.

그들은 / 절대 ~ 않다 / 행복하다.

⑤

그들은 / 대개 / 지각한다.

They [   ] usually late.

She is [   ] late.

그녀는 / 가끔 / 지각한다.

⑥

나는 / 대개 / 화가 난다.

I [   ] [   ] angry.

We are [   ] angry.

우리는 / 가끔 / 화가 난다.

⑦

리암은 / 절대 ~ 않다 / 배고프다.

Liam is [   ] hungry.

They are [   ] hungry.

그들은 / 항상 / 배고프다.

⑧

그들은 / 절대 ~ 않다 / 아침을 먹는다.

They [   ] eat breakfast.

You [   ] eat breakfast.

너는 / 항상 / 아침을 먹는다.

비교해 봐요~
빈도 부사는 be동사 뒤, 일반동사 앞에 와요.

 우리는 항상 행복하다.

① 나는 / 항상 / 행복하다.

I am _____ happy.

② 우리는 / 항상 / 행복하다.

We _____ always _____ .

③ 우리는 / 항상 / 슬프다.

_____

④ 우리는 / 가끔 / 슬프다.

We _____ _____ sad.

⑤ 미아는 / 가끔 / 슬프다.

Mia is sometimes _____ .

⑥ 미아는 / 가끔 / 지각한다.

Mia _____ _____ late.

⑦ 미아는 / 절대 ~ 않다 / 지각한다.

Mia _____ never _____ .

⑧ 그들은 / 절대 ~ 않다 / 지각한다.

They _____ _____ late.

⑨ 그들은 / 절대 ~ 않다 / 화가 나다.

_____ are _____ angry.

⑩ 그는 / 절대 ~ 않다 / 화가 나다.

_____

 부정의 뜻이 담긴 never

never는 '절대 ~ 않다'라는 뜻으로, not의 의미를 강조하는 말이에요. 이 단어 자체에 부정의 뜻이 있어요

Mia is never sad.
미아는 절대 슬프지 않다.

그래서 아래와 같은 부정문으로는 쓰지 않아요.

~~Mia isn't never sad.~~

 **내가 하는 문법 정리!**

▶괄호 안의 단어가 들어갈 위치에 동그라미하세요.

1. She ① is ② happy ③ .
   (always)

2. They ① are ② late ③ .
   (often)

출발!

❶ 나는 대개 지각한다.
I am ⬜ late.

❷ 나는 대개 화가 난다.
I ⬜ usually angry.

❸ 나는 자주 화가 난다.
I am often ⬜.

❹ 그녀는 자주 화가 난다.
⬜

❺ 그녀는 자주 배가 고프다.
She is ⬜ hungry.

❻ 그녀는 가끔 배가 고프다.
She ⬜ sometimes ⬜.

❼ 우리는 가끔 배가 고프다.
We ⬜ ⬜ ⬜.

❽ 우리는 가끔 목이 마르다.
We are ⬜ thirsty.

❾ 우리는 항상 목이 마르다.
⬜

❿ 잭은 항상 목이 마르다.
Jack ⬜ ⬜ thirsty.

⓫ 잭은 항상 슬프다.
⬜ is always sad.

⓬ 잭은 절대 슬프지 않다.
⬜

도착!

▶괄호 안의 단어를 바르게 배열하세요.

1. (thirsty / are / They / sometimes) → _____

2. (never / You / late / are) → _____

나는 그를 좋아하지 않는다.
I don't like him.

24.mp3

☆ 내가 ~하지 않는다면 do not, 그녀가 ~하지 않는다면 does not!

I do not like him. 나는 그를 좋아하지 않는다.

She does not like me. 그녀는 나를 좋아하지 않는다.

☆ 주어에 따라 do not과 does not을 구분해서 동사 앞에 써요

do not은 don't, does not은 doesn't로 줄여서 많이 써요.

I/We/You/They ⊕ do not (= don't)		동사원형
He/She/It ⊕ does not (= doesn't)	⊕	(동사의 원래 형태)

①

나는 / 좋아한다 / 그를.

I like him.

I ⬜ ⬜ like him.

나는 / 좋아하지 않는다 / 그를.

②

그녀는 / 좋아한다 / 그를.

She likes him.

She ⬜ ⬜ like him.

그녀는 / 좋아하지 않는다 / 그를.

③

너는 / 수영하러 간다.

You go swimming.

You ⬜ ⬜ ⬜

swimming. 너는 / 수영하러 가지 않는다.

④

그는 / 수영하러 간다.

He goes swimming.

He ⬜ ⬜ go

swimming. 그는 / 수영하러 가지 않는다.

⑤

우리는 / 본다 / 영화를.

We watch a movie.

We ⬜ ⬜ watch a

movie. 우리는 / 보지 않는다 / 영화를.

⑥

애바는 / 본다 / 영화를.

Ava watches a movie.

Ava ⬜ ⬜ watch a

movie. 애바는 / 보지 않는다 / 영화를.

⑦

그들은 / 공부한다 / 영어를.

They study English.

They ⬜ ⬜ study

English. 그들은 / 공부하지 않는다 / 영어를.

⑧

리암은 / 공부한다 / 영어를.

Liam studies English.

Liam ⬜ ⬜ study

English. 리암은 / 공부하지 않는다 / 영어를.

do/does not은 줄임말로 써 보세요.

꿀팁! love의 두 가지 뜻

1. 사랑하다
He loves me.
그는 나를 사랑한다.

2. 무척 좋아하다(즐기다)
I love sports.
나는 스포츠를 무척 좋아한다.

❶ 나는 / 만나지 않는다 / 그들을.

I ⬜ ⬜ them.

❷ 나는 / 만나지 않는다 / 그녀를.

I don't meet ⬜ .

❸ 그는 / 만나지 않는다 / 그녀를.

⬜ doesn't ⬜ her.

❹ 그는 / 사랑하지 않는다 / 그녀를.

He ⬜ love her.

❺ 그는 / 무척 좋아하지 않는다 / 오렌지들을.

He ⬜ ⬜ oranges.

❻ 우리는 / 무척 좋아하지 않는다 / 오렌지들을.

⬜

❼ 우리는 / 공부하지 않는다 / 영어를.

We ⬜ study English.

❽ 그녀는 / 공부하지 않는다 / 영어를.

She doesn't ⬜ ⬜ .

❾ 그녀는 / 공부하지 않는다 / 수학을.

She ⬜ ⬜ math.

❿ 나의 여동생은 / 공부하지 않는다 / 수학을.

⬜

A B 내가 하는 문법 정리!

▶ 두 문장의 의미가 같도록 빈칸에
알맞은 말을 쓰세요.

1. He doesn't like me.

= He ⬜ ⬜
   like me.

2. We don't go shopping.

= We ⬜ ⬜
   go shopping.

106

그들은 스포츠를 즐기지 않는다.

do/does not은 줄임말로 써 보세요.

① 리암은 수영하러 가지 않는다.   Liam [ ] [ ] swimming.

② 그는 수영하러 가지 않는다.   [ ] doesn't go [ ] .

③ 그는 쇼핑하러 가지 않는다.   He [ ] [ ] shopping.

④ 우리는 쇼핑하러 가지 않는다.   [ ]

⑤ 우리는 축구를 하지 않는다.   We [ ] [ ] soccer.

⑥ 나의 누나는 축구를 하지 않는다.   My sister doesn't play [ ] .

⑦ 나의 누나는 아침을 먹지 않는다.   [ ] [ ] [ ] eat breakfast.

⑧ 너는 아침을 먹지 않는다.   You don't [ ] [ ] .

⑨ 너는 스포츠를 보지 않는다.   [ ] [ ] watch sports.

⑩ 그의 형은 스포츠를 보지 않는다.   [ ]

⑪ 그의 형은 스포츠를 즐기지 않는다.   His brother [ ] enjoy [ ] .

⑫ 그들은 스포츠를 즐기지 않는다.   [ ]

확인문제

▶괄호 안에서 알맞은 말을 고르세요.

1. She (don't / doesn't) buy an apple.

2. My brothers (don't / doesn't) eat breakfast.

107

너는 책을 읽니?
Do you read a book?

25.mp3

☆ '~하니?'라고 물어볼 때는 주어 앞에 Do를 써요

나는 평소에 책 좀 읽는 아이라고~

Do you read a book?

주어

너는 책을 읽니?

물어볼 때는 물음표를 꼭 붙여야 해요!

☆ '그래.'는 Yes, '안 그래.'는 No로 대답해요

따라 쓰세요!

Do you read a book?	Do they read a book?
▶ Yes, I do.	▶ Yes, they do.
▶ No, I don't.	▶ No, they don't.

무엇을 하면, "Yes, I/you/we/they do.", 무엇을 하지 않으면, "No, I/you/we/they don't."로 대답하면 돼요.

새로운 단어　read 읽다 ｜ baby 아기

그들은 12시에 점심을 먹니?

1

너는 / 읽는다 / 책을.

You read a book.

———

[____] you read a book?

~하니 / 너는 / 읽다 / 책을?

2

응, / 나는 그래.

[____] , I do.

———

No, I don't.

아니, / 나는 안 그래.

3

그들은 / 먹는다 / 점심을 / 12시에.

They have lunch at 12:00.

———

[____] they [____] lunch at 12:00? ~하니 / 그들은 / 먹다 / 점심을 / 12시에?

4

응, / 그들은 그래.

Yes, they [____] .

———

No, [____] don't.

아니, / 그들은 안 그래.

5

아기들은 / 자주 / 운다.

Babies often cry.

———

[____] babies often [____] ?

~하니 / 아기들은 / 자주 / 울다?

6

응, / 그들은 그래.

[____] , they do.

———

[____] , they [____] .

아니, / 그들은 안 그래.

7

너는 / 씻는다 / 네 손을.

You wash your hands.

———

[____] you [____] your hands?

~하니 / 너는 / 씻다 / 네 손을?

8

응, / 나는 그래.

Yes, I [____] .

———

No, I [____] .

아니, / 나는 안 그래.

1 ~하니 / 너는 / 자주 / 책들을 사다?

[____] [____] often buy books?

응, / 나는 그래.

Yes, I [____].

2 ~하니 / 그들은 / 자주 / 책들을 사다?

Do they often [____] [____]?

응, / 그들은 그래.

[____], they do.

3 ~하니 / 그들은 / 자주 / 우유를 사다?

[____] [____] often [____] milk?

아니, / 그들은 안 그래.

No, [____] don't.

4 ~하니 / 그들은 / 자주 / 우유를 마시다?

[_____]

응, / 그들은 그래.

Yes, they [____].

5 ~하니 / 너희들은 / 자주 / 우유를 마시다?

[____] you often drink [____]?

아니, / 우리는 안 그래.

[____], we [____].

6 ~하니 / 너희들은 / 가끔 / 우유를 마시다?

Do [____] sometimes [____] milk?

응, / 우리는 그래.

Yes, [____] do.

7 ~하니 / 너는 / 가끔 / 주스를 마시다?

[____] [____] [____] drink juice?

아니, / 나는 안 그래.

[____], I don't.

8 ~하니 / 너는 / 항상 / 주스를 마시다?

[____] you always [____] [____]?

응, / 나는 그래.

Yes, [____] do.

9 ~하니 / 너는 / 항상 / 네 손을 씻다?

Do you [____] wash [____] hands?

아니, / 나는 안 그래.

No, I [____].

10 ~하니 / 너는 / 대개 / 네 손을 씻다?

[_____]

아니, / 나는 안 그래.

[____], I [____].

 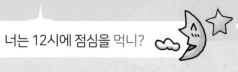

1 아기들은 대개 우니?

[ ] babies usually cry?

아니, 그들은 안 그래.

No, they [ ].

2 아기들은 자주 우니?

Do [ ] often [ ]?

응, 그들은 그래.

Yes, [ ] do.

3 너는 자주 우니?

[ ]

🚀 3, 4번은 자신의 실제 대답을 써 보세요.

[ ]

4 너는 자주 책을 읽니?

[ ] [ ] often [ ] a book?

[ ]

5 너는 가끔 책을 읽니?

Do you [ ] read [ ] [ ]?

아니, 나는 안 그래.

No, [ ] [ ].

6 그들은 가끔 책을 읽니?

[ ] they sometimes read a book?

응, 그들은 그래.

[ ], they [ ].

7 그들은 책을 읽니?

[ ]

아니, 그들은 안 그래.

[ ], they don't.

8 그들은 점심을 먹니?

Do [ ] have lunch?

응, 그들은 그래.

Yes, [ ] do.

9 그들은 12시에 점심을 먹니?

[ ]

아니, 그들은 안 그래.

No, they [ ].

10 너는 12시에 점심을 먹니?

Do you [ ] [ ] at 12:00?

응, 나는 그래.

[ ], I do.

그는 텔레비전을 보니?
Does he watch TV?

26.mp3

☆ He, She, It이 '~하니?'라고 물어볼 때는 Does를 주어 앞에 넣어요

내 친구들은 맨날 뭐할까?

He, She, It처럼 나 너 말고(3인칭)
한 명(단수)이 주어가 될 때 : Does

Does he watch TV?
그는 텔레비전을 보니?

Does she study English?
그녀는 영어를 공부하니?

앞에서는 Do로 시작한다고 배웠다고요?
그건 주어가 I, You, We, They일 때니까 헷갈리면 안 돼요~

☆ Yes나 No로 대답해요

그 소녀는 she로 생각해서
Does로 질문해요.

따라
쓰세요!

Does it like bananas?

▶ Yes, it does.

▶ No, it doesn't.

Does the girl study?

▶ Yes, she does.

▶ No, she doesn't.

무엇을 하면, "Yes, he/she/it does.", 무엇을 하지 않으면, "No, he/she/it doesn't."
로 답하면 돼요.

새로운 단어   take a nap 낮잠을 자다

1단계 비교하면 답이 보여!

그녀는 스포츠를 즐기니?

❶

그녀는 / 즐긴다 / 스포츠를.

She enjoys sports.

동사원형(동사의 원래 형태)을 써야 해요!

Does she ☐ sports?

~하니 / 그녀는 / 즐기다 / 스포츠를?

❷

응, / 그녀는 그래.

☐ , she does.

No, she ☐ .

아니, / 그녀는 안 그래.

❸

그는 / 먹는다 / 점심을 / 12시에.

He has lunch at 12:00.

has는 3인칭 단수형, 동사원형은 have.

☐ he ☐ lunch at 12:00? ~하니 / 그는 / 먹다 / 점심을 / 12시에?

❹

응, / 그는 그래.

Yes, ☐ ☐ .

☐ , he doesn't.

아니, / 그는 안 그래.

❺

그 아기는 / 항상 / 운다.

The baby always cries.

☐ the baby always ☐ ?

~하니 / 그 아기는 / 항상 / 울다?

❻

응, / 그녀는(그는) 그래.

그 아기가 여자이면 she, 남자이면 he로 받아 써요.

Yes, she(he) ☐ .

☐ , she(he) ☐ .

아니, / 그녀는(그는) 안 그래.

❼

리암은 / 씻는다 / 그의 손을.

Liam washes his hands.

☐ Liam ☐ his hands?

~하니 / 리암은 / 씻다 / 그의 손을?

❽

응, / 그는 그래.

☐ , ☐ does.

No, he ☐ .

아니, / 그는 안 그래.

113

① ~하니 / 리암은 / 자주 / 쇼핑하러 가다?

[   ] Liam often [   ] shopping?

응, / 그는 그래.

[   ] , he does.

② ~하니 / 그는 / 자주 / 쇼핑하러 가다?

Does [   ] often go [   ] ?

아니, / 그는 안 그래.

No, [   ] doesn't.

③ ~하니 / 그는 / 자주 / 수영하러 가다?

[   ] [   ] often go swimming?

응, / 그는 그래.

Yes, he [   ] .

④ ~하니 / 그녀는 / 자주 / 수영하러 가다?

Does she [   ] [   ] [   ] ?

아니, / 그녀는 안 그래.

No, she [   ] .

⑤ ~하니 / 그녀는 / 수영하러 가다 / 일요일에?

[   ] [   ] go swimming on Sunday?

응, / 그녀는 그래.

Yes, [   ] does.

⑥ ~하니 / 그녀는 / 낮잠을 자다 / 일요일에?

Does [   ] take a nap [   ] [   ] ?

아니, / 그녀는 안 그래.

No, she [   ] .

⑦ ~하니 / 애바는 / 낮잠을 자다 / 일요일에?

[   ] Ava [   ] [   ] [   ] on Sunday?

응, / 그녀는 그래.

Yes, she [   ] .

⑧ ~하니 / 애바는 / 텔레비전을 보다 / 일요일에?

Does [   ] watch TV [   ] [   ] ?

아니, / 그녀는 안 그래.

[   ] , she doesn't.

⑨ ~하니 / 리암은 / 텔레비전을 보다 / 일요일에?

[   ] Liam [   ] [   ] on Sunday?

응, / 그는 그래.

[   ] , he [   ] .

⑩ ~하니 / 리암은 / 텔레비전을 보다 / 금요일에?

[   ]

아니, / 그는 안 그래.

[   ] , he doesn't.

출발!

❶ 그녀는 영어를 공부하니? ☐ ☐ study English?

❷ 네 언니는 영어를 공부하니? ☐ your sister ☐ ☐ ?

❸ 네 오빠는 영어를 공부하니? Does ☐ ☐ study English?

❹ 네 오빠는 스포츠를 즐기니? ☐ your brother enjoy sports?

❺ 리암은 스포츠를 즐기니? ☐

❻ 리암은 오후에 야구를 하니? ☐ Liam play baseball in the afternoon?

❼ 그녀는 오후에 야구를 하니? Does she ☐ ☐ in the afternoon?

❽ 그녀는 저녁에 야구를 하니? ☐ she play baseball ☐ the evening?

❾ 그녀는 1시에 점심을 먹니? Does she ☐ ☐ at 1:00?

❿ 네 누나는 1시에 점심을 먹니? ☐ your sister have lunch ☐ ☐ ?

⓫ 네 누나는 7시에 저녁을 먹니? ☐ your ☐ have dinner at 7:00?

⓬ 네 누나들은 7시에 저녁을 먹니? Do ☐ ☐ have dinner at 7:00? 도착

네 누나들은 여러 명(복수)이므로 Do로 질문해요.

확인문제

▶괄호 안에서 알맞은 말을 고르세요.

1. (Do / Does) she enjoy sports?   2. (Do / Does) Liam study English?

3. (Do / Does) your brother watch TV?   4. (Do / Does) your sisters go shopping?

27

시험에는 이렇게 나온다

17~26과 복습

1. 다음 동사를 주어가 He/She/It일 때 쓰는 형태로 바꿔 쓰세요.

1) love ➡ _____

2) cry ➡ _____

3) watch ➡ _____

4) have ➡ _____

5) go ➡ _____

6) study ➡ _____

[2~4] 우리말을 보고 빈칸에 알맞은 말을 쓰세요.

2. 나는 그를 좋아한다. ➡ I like _____ .

3. 너는 그녀를 사랑하니? ➡ Do you love _____ ?

4. 우리는 그것들을 원한다. ➡ We want _____ .

[5~6] 다음 질문을 보고 문장을 완성하세요.

다음 사람들은 언제 무엇을 하나요?

5.

She _____ to school _____ 7:30.

6.

He _____ TV _____ the evening.

[7~8] 빈칸에 알맞은 말을 고르세요.

7.

> Does he _____ English?

① study   ② studys   ③ studies

8.

> We _____ want it.

① aren't   ② don't   ③ doesn't

9. <보기>에서 알맞은 동사를 찾아 빈칸에 쓰세요.

> <보기>   play   eat

1) We _____ dinner at 6:00.

2) I _____ the piano on Monday.

[10~12] 밑줄 친 부분을 바르게 고쳐 쓰세요.

10. Mom <u>never is</u> angry.   ➡ _____

11. Jack <u>don't makes</u> a cake.   ➡ _____

12. We <u>buys</u> an ice cream.   ➡ _____

117

[13~14] 우리말과 일치하도록 빈칸에 알맞은 말을 쓰세요.

13. 나는 사과를 하나 가지고 있다. ➡ I _____ an apple.

14. 리암은 절대 늦지 않는다. ➡ Liam is _____ late.

[15~17] 빈칸에 알맞지 <u>않은</u> 말을 고르세요.

15.

_____ play the guitar.

① My sister　　　② You　　　③ Liam and Jack

16.

She loves _____ .

① you　　　② his　　　③ us

17.

Her brothers _____ sports.

① play　　　② watch　　　③ likes

[18~19] 괄호 안에서 알맞은 말을 고르세요.

18. Ava (don't / doesn't) take a nap.

19. They (don't / doesn't) go curling.

[20~21] 다음 문장을 물어보는 문장으로 바꿔 쓰세요.

20. You wash oranges. ➡ _____

21. He enjoys movies. ➡ _____

[22~23] 우리말과 일치하도록 괄호 안의 단어를 바르게 배열하세요.

22.

> 미아는 자주 배가 고프다.　(hungry / often / is / Mia)

➡ _____

23.

> 그의 친구는 피아노를 친다.　(plays / the piano / His friend)

➡ _____

[24~25] 그림을 보고 질문에 알맞은 대답을 쓰세요.

24.

> A: Do they watch TV?
>
> B: _____ , they _____ .

25.

> A: Does she have lunch at 1:00?
>
> B: No, she _____ .

문장으로 영문법 총정리 01~26과 복습

28.mp3

▷be동사, There is/are ~ 문장 완성하기

❶ 나는 게이머이다.   I ⬚ a gamer.

❷ 나는 게이머가 아니다.   I am ⬚ a gamer.

❸ 우리는 게이머들이 아니다.   We ⬚ ⬚ gamers.

❹ 우리는 유튜버들이 아니다.   ⬚ are not YouTubers.

❺ 그들은 유튜버들이 아니다.   ⬚

❻ 그녀의 오빠는 유튜버가 아니다.   Her brother ⬚ not a YouTuber.

❼ 그녀의 오빠는 배가 고프지 않다.   Her brother is ⬚ hungry.

❽ 그녀의 오빠는 배가 고프다.   ⬚ ⬚ is hungry.

❾ 그녀의 오빠는 배가 고프니?   ⬚ her brother ⬚ ?

❿ 너는 배가 고프니?   ⬚

⓫ 너는 행복하니?   Are ⬚ happy?

⓬ 너는 항상 행복하니?   Are you always ⬚ ?

⓭ 그는 항상 행복하니?   ⬚ ⬚ ⬚ happy?

⓮ 그들은 항상 행복하니?   ⬚ ⬚ always happy?

⓯ 그들은 행복하니?   ⬚

⑯ 그들은 키가 작니?   [   ] they short?

⑰ 이 연필들은 짧니?   Are these pencils [   ] ?

⑱ 이 연필들은 짧다.   [   ] [   ] are short.

⑲ 이 벤치들은 짧다.   These benches [   ] [   ] .

⑳ 이 벤치들은 크다.   These [   ] are big.

㉑ 저 벤치는 크다.   [   ] bench is [   ] .

㉒ 저 사과는 크다.   That [   ] [   ] big.

㉓ 저것은 큰 사과이다.   That is a [   ] apple.

㉔ 저것은 사과이다.   [   ]

㉕ 사과가 한 개 있다.   There [   ] an apple.

㉖ 공책이 한 권 있다.   [   ] is a notebook.

㉗ 공책들이 있다.   There are [   ] .

㉘ 상자 안에 공책들이 있다.   [   ] [   ] notebooks [   ] the box.

㉙ 상자 안에 신발이 있다.   [   ] are shoes in the [   ] .

㉚ 상자 위에 신발이 있다.   [   ]

121

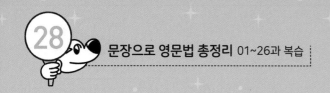

▷일반동사 문장 완성하기

① 나는 오렌지 한 개를 먹는다.　I ☐ an orange.

② 나의 언니는 오렌지 한 개를 먹는다.　My sister eats ☐ ☐ .

③ 나의 언니는 바나나 한 개를 먹는다.　My sister ☐ a banana.

④ 나의 언니는 바나나 한 개를 산다.　My sister buys ☐ ☐ .

⑤ 나의 언니는 작은 바나나들을 산다.　☐ ☐ ☐ small bananas.

⑥ 우리는 작은 바나나들을 산다.　☐

⑦ 우리는 작은 접시들을 산다.　☐ buy ☐ dishes.

⑧ 우리는 작은 접시들을 갖고 있다.　We ☐ small ☐ .

⑨ 우리는 접시들을 갖고 있지 않다.　We ☐ have dishes.
　→ do not은 줄임말로 써 보세요.

⑩ 그녀는 접시들을 갖고 있지 않다.　☐ doesn't ☐ dishes.

⑪ 그녀는 점심을 먹지 않는다.　☐

⑫ 그녀는 12시에 점심을 먹는다.　She has ☐ at 12:00.

⑬ 그는 12시에 점심을 먹는다.　☐ ☐ lunch at 12:00.

⑭ 그는 12시에 수영하러 간다.　He goes swimming ☐ 12:00.

⑮ 그는 오전에 수영하러 간다.　☐ ☐ ☐ in the morning.

⑯ 그는 오전에 수영하러 가니?   ☐ he go swimming ☐ the morning?

⑰ 그는 오전에 야구를 하니?   Does ☐ play baseball in the ☐ ?

⑱ 그는 오후에 야구를 하니?   Does he ☐ ☐ in the afternoon?

⑲ 너는 오후에 야구를 하니?   ☐

⑳ 너는 오후에 그들을 만나니?   Do ☐ meet them ☐ the afternoon?

㉑ 너는 일요일에 그들을 만나니?   Do you ☐ ☐ on Sunday?

㉒ 너는 일요일에 그를 만나니?   ☐ ☐ meet him ☐ ☐ ?

㉓ 너는 일요일에 그를 만난다.   You ☐ ☐ on Sunday.

㉔ 그녀는 일요일에 그를 만난다.   ☐ ☐ him ☐ Sunday.

㉕ 그녀는 일요일에 영어를 공부한다.   She studies ☐ on Sunday.

㉖ 그녀는 자주 영어를 공부한다.   She often ☐ English.

㉗ 그녀는 자주 수학을 공부한다.   She ☐ studies math.

㉘ 그녀는 자주 기타를 친다.   ☐ often ☐ the guitar.

㉙ 나는 자주 기타를 친다.   I often ☐ ☐ ☐ .

㉚ 나는 가끔 기타를 친다.   ☐

바빠 초등 영어 일기 쓰기 | 15,000원

★ ★ ★

따라 쓰기부터 내 일기까지

매일 4쪽씩, 30일 완성!
초등 영어
일기 쓰기

EBS 대표 영어 강사
효린파파 집필!

한 달 동안 집중적으로 학습하기 좋은 교재네요!

바빠 시리즈 초등 학년별 추천 도서

학년	학기별 연산책 바빠 교과서 연산 학기 중, 선행용으로 추천!	나 혼자 푼다 바빠 수학 문장제 학교 시험 서술형 완벽 대비!
1학년	·바빠 교과서 연산 1-1 ·바빠 교과서 연산 1-2	·나 혼자 푼다 바빠 수학 문장제 1-1 ·나 혼자 푼다 바빠 수학 문장제 1-2
2학년	·바빠 교과서 연산 2-1 ·바빠 교과서 연산 2-2	·나 혼자 푼다 바빠 수학 문장제 2-1 ·나 혼자 푼다 바빠 수학 문장제 2-2
3학년	·바빠 교과서 연산 3-1 ·바빠 교과서 연산 3-2	·나 혼자 푼다 바빠 수학 문장제 3-1 ·나 혼자 푼다 바빠 수학 문장제 3-2
4학년	·바빠 교과서 연산 4-1 ·바빠 교과서 연산 4-2	·나 혼자 푼다 바빠 수학 문장제 4-1 ·나 혼자 푼다 바빠 수학 문장제 4-2
5학년	·바빠 교과서 연산 5-1 ·바빠 교과서 연산 5-2	·나 혼자 푼다 바빠 수학 문장제 5-1 ·나 혼자 푼다 바빠 수학 문장제 5-2
6학년	·바빠 교과서 연산 6-1 ·바빠 교과서 연산 6-2	·나 혼자 푼다 바빠 수학 문장제 6-1 ·나 혼자 푼다 바빠 수학 문장제 6-2

'바빠 교과서 연산'과
'나 혼자 문장제'를
함께 풀면
한 학기 수학 완성!

순이 기억하는 초등 영어 시리즈

E&T 영어 연구소, 이정선 지음
William Link 원어민 감수

초등 영문법 ❶

영어 문장 MP3, QR코드 무료 제공

정답

작은 빈칸부터 전체 문장까지 야금야금 완성!
쓰다 보면 스스로 문법을 깨닫는 재미

새 문법을 배우며 배운 문법이 복습되는 과학적 설계!
나도 모르게 복습이 되는 기특한 영문법 훈련서

아깨소에듀

문장이 써지면 이 영문법은 OK!

3·4학년들을 위한

쓰는 초등 영문법
야금야금

영어가 막 써져!

ABC...

초등 영문법 ❶

3·4학년을 위한

정답

01 | 나는 요리사이다. I am a cook.

나는 케이머이다.

문법을 비교하며 바꿔 써요!

① 나는 ~이다 / 요리사.
I am a cook.
You ___ a cook.
나는 ~이다 / 요리사.

② 나는 ~이다 / 요리사.
You are a cook.
↳ 문장의 첫 글자는 항상 대문자로 써요.
I ___ a cook.
나는 ~이다 / 요리사.

③ 나는 ~이다 / 케이머.
You ___ are a gamer.
She ___ a gamer.
그녀는 ~이다 / 케이머.

④ 그녀는 ~이다 / 케이머.
She is a gamer.
He ___ a gamer.
그는 ~이다 / 케이머.

⑤ 그녀는 ~이다 / 의사.
She ___ is a doctor.
It ___ a chair.
그것은 ~이다 / 의자.

⑥ 그는 ~이다 / 의사.
He ___ is a doctor.
It is a desk.
그것은 ~이다 / 책상.

⑦ 그것은 ~이다 / 책상.
It ___ is a desk.
You ___ are a doctor.
나는 ~이다 / 의자.

⑧ 나는 ~이다 / 케이머.
I ___ am a gamer.
It ___ is a chair.
그것은 ~이다 / 의자.

그녀는 의사이다.

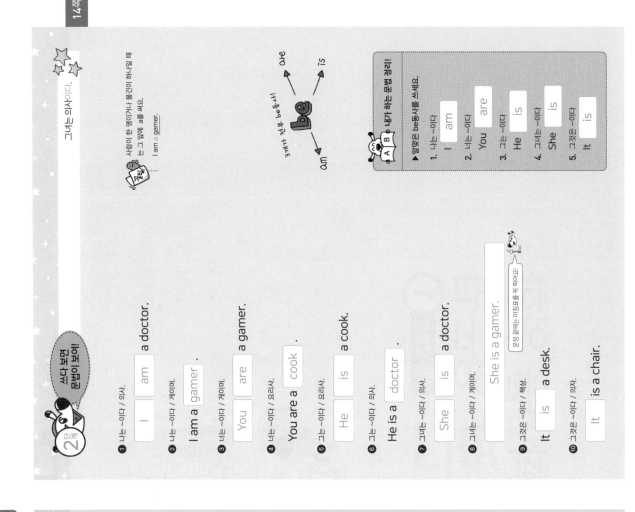

문법을 이해하며 써 봐요!

참고: 사람이 한 명이거나 물건이 하나면 be 뒤에 a를 써요.
I am a gamer.

be 3개가 첫 번 be 동사!
am → / is → / are →

내가 하는 문법 정리!
▶ 알맞은 be동사를 쓰세요.
1. 나는 ~이다 I am
2. 너는 ~이다 You are
3. 그는 ~이다 He is
4. 그녀는 ~이다 She is
5. 그것은 ~이다 It is

① 나는 ~이다 / 의사.
I am a doctor.

② 나는 ~이다 / 케이머.
I am a gamer.

③ 나는 ~이다 / 케이머.
You are a gamer.

④ 나는 ~이다 / 요리사.
You are a cook.

⑤ 그는 ~이다 / 의사.
He is a cook.

⑥ 그는 ~이다 / 의사.
He is a doctor.

⑦ 그녀는 ~이다 / 의사.
She is a doctor.

⑧ 그녀는 ~이다 / 케이머.
She is a gamer.
문장 끝에는 마침표를 꼭 찍어요!

⑨ 그것은 ~이다 / 책상.
It is a desk.

⑩ 그것은 ~이다 / 의자.
It is a chair.

1단계 · 비교하면 단어 보여

너희들은 가수들이다.

① 나는 ~이다 / 가수.
I [am] a singer.
We are singers.
우리는 ~이다 / 가수들.

② 너는 ~이다 / 가수.
You [are] a singer.
You [are] singers.
너희들은 ~이다 / 가수들.
→ 문장 맨 앞에 쓰는 You(너희들은),
We(우리는), They(그들은)를 주어'라고 해요.

③ 그는 ~이다 / 교사.
He [is] a teacher.
They are teachers.
그들은 ~이다 / 교사들.

④ 나는 ~이다 / 교사.
I [am] a teacher.
We [are] teachers.
우리는 ~이다 / 교사들.

⑤ 너는 ~이다 / 유튜버.
You [are] a YouTuber.
You [are] YouTubers.
너희들은 ~이다 / 유튜버들.

⑥ 그녀는 ~이다 / 유튜버.
She [is] a YouTuber.
They [are] YouTubers.
그들은 ~이다 / 유튜버들.

⑦ 그것은 ~이다 / 탁자.
It [is] a table.
They are tables.
그것들은 ~이다 / 탁자들.
→ They는 '그들로'이라는 뜻도 있지만,
물건이나 동물을 가리켜 '그것들'이라고도 해요.

⑧ 그것은 ~이다 / 의자.
It [is] a chair.
They [are] chairs.
그것들은 ~이다 / 의자들.

3단계 · 영작이 되면 이 영문법은 OK!

그는 요리사이다.

그는 요리사이다.

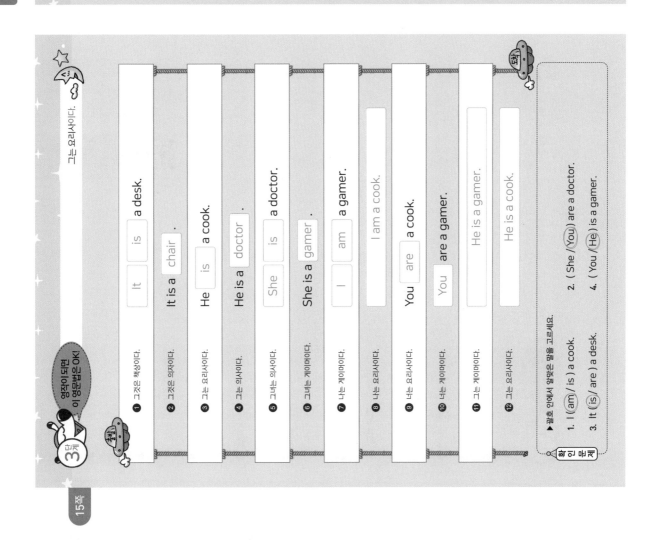

❶ 그것은 책상이다. It [is] a desk.
❷ 그것은 의자이다. It is a [chair] .
❸ 그는 요리사이다. He [is] a cook.
❹ 그는 의사이다. He is a [doctor] .
❺ 그녀는 의사이다. She [is] a doctor.
❻ 그녀는 게이머이다. She is a [gamer] .
❼ 나는 게이머이다. I [am] a gamer.
❽ 나는 요리사이다. I am a cook.
❾ 너는 요리사이다. You [are] a cook.
❿ 너는 게이머이다. You [are] a gamer.
⓫ 그는 게이머이다. He is a gamer.
⓬ 그는 요리사이다. He is a cook.

확인문제

▶ 괄호 안에서 알맞은 말을 고르세요.
1. I ((am) / is) a cook.
2. (She / (You)) are a doctor.
3. It ((is) / are) a desk.
4. (You / (He)) is a gamer.

3단계

영작이 되면 이 영문법은 OK!

그것들은 탁자들이다.

① 그것들은 의자들이다.   They [are] chairs.

② 그들은 가수들이다.   [They] [are singers].

③ 너희들은 가수들이다.   You are [singers] .

④ 너희들은 유튜버들이다.   [You] [are] YouTubers.   We are YouTubers.

⑤ 우리는 유튜버들이다.   We are YouTubers.

⑥ 우리는 게이머들이다.   We are [gamers] .

⑦ 당신들은 게이머들이다.   [You] [are] gamers.

⑧ 당신들은 교사들이다.   You [are] teachers.

⑨ 우리는 교사들이다.   We are [teachers] .

⑩ 그들은 의사들이다.   [We] [are] doctors.

⑪ 그들은 의사들이다.   They are doctors .

⑫ 그것들은 탁자들이다.   They are tables .

확인 문제

▶ 밑줄 친 부분을 바르게 고쳐 쓰세요.

1. We am cooks.   [are]
2. It are desks.   [They]
3. You is YouTubers.   [are]
4. I are a teacher.   [am]

2단계

그림이 나타내는...

그들은 교사들이다.

① 우리는 ~이다 / 요리사들.   We [are] cooks.

② 우리는 ~이다 / 가수들.   We [are] singers.

③ 당신들은 ~이다 / 가수들.   You are [singers] .

④ 당신들은 ~이다 / 교사들.   You [are] teachers.

⑤ 그들은 ~이다 / 교사들.   They are [teachers] .

⑥ 그것들은 ~이다 / 탁자들.   They [are] tables.

⑦ 그것들은 ~이다 / 의자들.   They are chairs.

⑧ 그것들은 ~이다 / 책상들.   They are desks.

⑨ 그들은 ~이다 / 유튜버들.   They [are] YouTubers.

⑩ 우리는 ~이다 / 유튜버들.   We are YouTubers.

꿀팁: 사람이나 사물이 둘 이상일 때는 이름 끝에 바로 -s를 붙여요!
We are cooks.
2명 이상   2명 이상

내가 하는 문법 정리!

▶ 알맞은 be동사를 쓰세요.

1. 너희들은 ~이다   You [are]
2. 우리는 ~이다   We [are]
3. 그들은/그것들은 ~이다   They [are]

우리는 유튜버들이다.

2단계 쓰다 보면 문장이 보여!

주어는 문장의 주인공을 나타내는 말이죠? I, He, She처럼 주어가 1명이면 be동사 뒤의 사람도 1명으로, We, They처럼 주어가 2명 이상이면 be동사 뒤의 사람도 2명 이상으로 나타내요.

He is a police officer. 1명
They are police officers. 2명 이상

① 나는 ~이다 / 경찰.
I am [a] police officer.

② 우리는 ~이다 / 경찰들.
We are police [officers].

③ 우리는 ~이다 / 유튜버들.
[We] [are] YouTubers.

④ 그들은 ~이다 / 유튜버들.
They are [YouTubers].

⑤ 그것들은 ~이다 / 의자들.
They are [chairs].

⑥ 그것은 ~이다 / 의자.
[It] [is] a chair.

⑦ 그것은 ~이다 / 탁자.
[It] is a table.

⑧ 그것들은 ~이다 / 탁자들.
They are [tables].

⑨ 그들은 ~이다 / 가수들.
[They] [are] singers.

⑩ 그는 ~이다 / 가수.
He is a singer.

A B 내가 하는 문법 정리!
▶ 다음을 둘 이상의 사람이나 사물로 나타내세요.
1. a YouTuber → YouTubers
2. a desk → desks
3. a singer → singers
4. a table → tables

5

---

03 | 그것들은 탁자들이다. They are tables.

1단계 비교하면 단어들이 보여!

그것은 의자이다.

① 그것은 ~이다 / 책상.
It is a desk.
그것들은 ~이다 / 책상들.
They are [desks].

② 그것은 ~이다 / 의자.
It is [a] chair.
그것들은 ~이다 / 의자들.
They are chairs.

③ 나는 ~이다 / 유튜버.
I am [a] YouTuber.
우리는 ~이다 / 유튜버들.
We are [YouTubers].

④ 그는 ~이다 / 게이머.
He is [a] gamer.
그들은 ~이다 / 게이머들.
They are gamers.

⑤ 그녀는 ~이다 / 경찰.
She is [a] police officer.
그들은 ~이다 / 경찰들.
They are [police] [officers].

⑥ 당신은 ~이다 / 가수.
You are [a] singer.
당신들은 ~이다 / 가수들.
You are [singers].

⑦ 그것은 ~이다 / 탁자.
It is [a] table.
그것들은 ~이다 / 탁자들.
They are [tables].

⑧ 나는 ~이다 / 요리사.
I am [a] cook.
우리는 ~이다 / 요리사들.
We are cooks.

1단계 비교하면 단어 보여!

① 그녀는 / ~이다 / 나의 언니.
She is [my] sister.
My sister is a police officer.
나의 언니는 / ~이다 / 경찰.

② 그녀는 / ~이다 / 우리의 엄마.
She is our mother.
[Our] mother is a police officer.
우리의 엄마는 / ~이다 / 경찰.

③ 그는 / ~이다 / 그의 형.
He is his brother.
[His] brother is a gamer.
그의 형은 / ~이다 / 게이머.

④ 그녀는 / ~이다 / 그들의 언니.
She is [their] sister.
Their sister is a gamer.
그들의 언니는 / ~이다 / 게이머.

⑤ 그는 / ~이다 / 그녀의 아빠.
He is her father.
[Her] father is a YouTuber.
그녀의 아빠는 / ~이다 / 유튜버.

⑥ 그들은 / ~이다 / 그들의 부모.
They are their parents.
[Their] parents are YouTubers.
그들의 부모는 / ~이다 / 유튜버들.

⑦ 그들은 / ~이다 / 너의 부모.
They are your parents.
[Your] parents are doctors.
너의 부모는 / ~이다 / 의사들.

⑧ 그들은 / ~이다 / 너희들의 아빠들.
They are [your] fathers.
Your fathers are doctors.
너희들의 아빠들은 / ~이다 / 의사들.

우리의 엄마는 경찰이다.

3단계 영작이 되면 이 영문법은 OK!

① 그녀는 유튜버이다.　She is a [YouTuber] .

② 그들은 유튜버들이다.　They are [YouTubers] .

③ 그것들은 책상들이다.　[They] [are] desks.

④ 그것은 책상이다.　It is a desk.

⑤ 그것은 탁자이다.　It is [a] [table] .

⑥ 그것들은 탁자들이다.　[They] [are] tables.

⑦ 그들은 가수들이다.　They are [singers] .

⑧ 그는 가수이다.　He is [a] [singer] .

⑨ 그는 경찰이다.　He [is] a police officer.

⑩ 우리는 경찰들이다.　We are [police] [officers] .

⑪ 당신들은 경찰들이다.　You are police officers.

⑫ 나는 경찰이다.　I am a police officer.

▶ 괄호 안에서 알맞은 말을 고르세요.
1. It is (a chair / chairs).
2. We are (a YouTuber / YouTubers).
3. They are (a cook / cooks).
4. It is (table / a table).

나는 경찰이다.

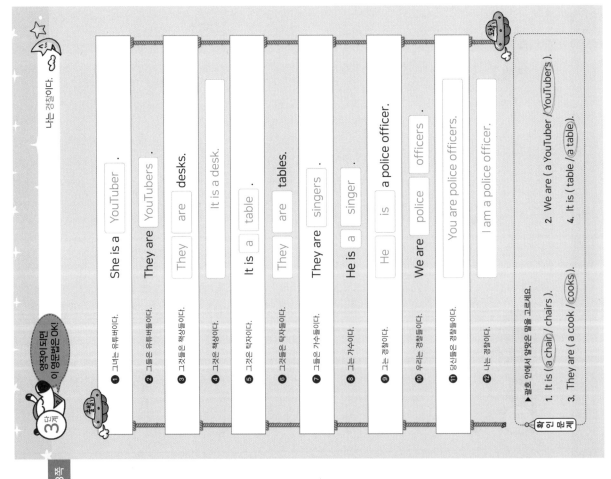

2단계 · 쓰면서 복습해요!

그는 그녀의 오빠이다.

① 그는 ~이다 / 나의 형.
He is my brother.

② 그는 ~이다 / 나의 아빠.
He is my father.

③ 그는 ~이다 / 그녀의 아빠.
He is her father.

④ 그는 ~이다 / 그녀의 오빠.
He is her brother.

⑤ 그들은 ~이다 / 그녀의 오빠들.
They are her brothers.

⑥ 그들은 ~이다 / 너의 오빠들.
They are your brothers.

⑦ 그들은 ~이다 / 너의 부모.
They are your parents.

⑧ 그들은 ~이다 / 우리의 부모.
They are our parents.

⑨ 그들은 ~이다 / 우리의 언니들.
They are our sisters.

⑩ 그녀는 ~이다 / 우리의 언니.
She is our sister.

my family

mother　father　I　sister　brother

sister 언니, 누나, 여동생은 모두 sister로 쓰세요.
brother 형, 오빠, 남동생은 모두 brother로 쓰세요.

내가 하는 문법 정리!

▶ 우리말에 맞게 영어로 쓰세요.

1. 너의 — your
2. 그들의 — their
3. 그의 — his
4. 그녀의 — her
5. 우리의 — our
6. 나의 — my

3단계 · 영작이 되면 이 영문법은 OK!

나는 너의 엄마이다.

① 그녀는 나의 언니이다.
She is your sister.

② 그는 나의 형이다.
He is your brother.

③ 그는 그녀의 오빠이다.
He is her brother.

④ 그들은 그녀의 오빠들이다.
They are her brothers.

⑤ 그들은 그녀의 언니들이다.
They are her sisters.

⑥ 그들은 그의 누나들이다.
They are his sisters.

⑦ 그들은 그의 부모이다.
They are his parents.

⑧ 우리는 그의 부모이다.
We are his parents.

⑨ 우리는 그들의 부모이다.
We are their parents.

⑩ 우리는 그들의 엄마들이다.
We are their mothers.

⑪ 나는 그들의 엄마이다.
I am their mother.

⑫ 나는 너의 엄마이다.
I am your mother.

확인 문제

▶ 괄호 안에서 알맞은 말을 고르세요.

1. She is (you / **your**) sister.
2. (**We** / Our) are his parents.
3. I am (**her** / she) brother.
4. He is (**their** / they) father.

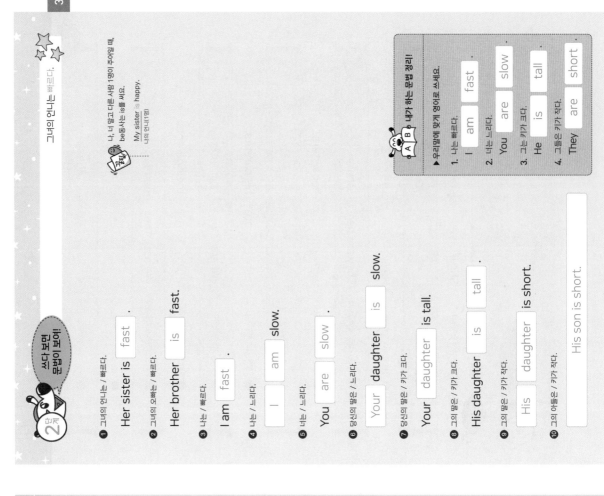

05 | 나는 느리다. I am slow.

1단계 비교하며 문장을 써봐요!

나의 언니는 슬프다.

1. 나는 / 행복하다.
   I am happy.
   나의 언니는 / 슬프다.
   My sister is [sad].

2. 그는 / 행복하다.
   He is [happy].
   그의 부모는 / 슬프다.
   His parents [are] [sad].

3. 당신은 / 키가 작다.
   You [are] short.
   당신의 딸들은 / 키가 크다.
   Your daughters [are] [tall].

4. 그녀는 / 키가 작다.
   She [is] [short].
   그녀의 아들들은 / 키가 크다.
   Her sons [are] [tall].

5. 나는 / 빠르다.
   I [am] fast.
   우리는 / 느리다.
   We [are] slow.

6. 그것은 / 빠르다.
   It [is] [fast].
   그것들은 / 느리다.
   They [are] [slow].

7. 그녀의 책상은 / 작다.
   Her desk [is] small.
   그녀의 의자들은 / 크다.
   Her chairs [are] big.

8. 그들의 탁자는 / 작다.
   Their table [is] [small].
   그들의 의자들은 / 크다.
   Their chairs [are] [big].

2단계 문장을 써봐요!

그녀의 언니는 빠르다.

① 그녀의 언니는 / 빠르다.
   Her sister is [fast].

② 그녀의 오빠는 / 빠르다.
   Her brother [is] fast.

③ 나는 / 빠르다.
   I am [fast].

④ 나는 / 느리다.
   I [am] slow.

⑤ 나는 / 느리다.
   You [are] slow.

⑥ 당신의 딸은 / 느리다.
   Your daughter [is] slow.

⑦ 당신의 딸은 / 키가 크다.
   Your daughter [is] tall.

⑧ 그의 딸은 / 키가 크다.
   His daughter [is] [tall].

⑨ 그의 딸은 / 키가 작다.
   His daughter [is] is short.

⑩ 그의 아들은 / 키가 작다.
   His son is short.

구슬 tip : 나, 너 말고 다른 사람 1명이 주어일 때, be동사는 is를 써요.
My sister is happy. 나의 언니(1명)

내가 하는 문법 정리
▶ 우리말에 맞게 영어로 쓰세요.
1. 나는 빠르다. I [am] fast.
2. 나는 느리다. You [are] slow.
3. 그는 키가 크다. He [is] tall.
4. 그들은 키가 작다. They [are] short.

8

06 | 나는 기쁘지 않다. I am not happy.

비교하면 어려 어렵지 않음

1강

나는 가수가 아니다.

① 나는 / ~이다 / 가수.
I am a singer.
I [am] not a singer.
나는 / 아니다 / 가수가.

② 우리는 / ~이다 / 가수들.
We are singers.
We are [not] singers.
우리는 / 아니다 / 가수들이.

③ 나는 / ~이다 / 경찰.
You are a police officer.
You [are] [not] a police officer.
나는 / 아니다 / 경찰이.

④ 너희들은 / ~이다 / 경찰들.
You [are] police officers.
You [are] [not] police officers. 너희들은 / 아니다 / 경찰들이.

⑤ 나의 아들은 / 행복하다.
My son is happy.
My son [is] [not] happy.
나의 아들은 / 않다 / 행복하지.

⑥ 나의 딸들은 / 슬프다.
My daughters [are] sad.
My daughters [are] [not] sad. 나의 딸들은 / 않다 / 슬프지.

⑦ 그것은 / 크다.
It [is] big.
It [is] [not] big.
그것은 / 않다 / 크지.

⑧ 그것들은 / 작다.
They [are] small.
They [are] [not] small.
그것들은 / 않다 / 작지.

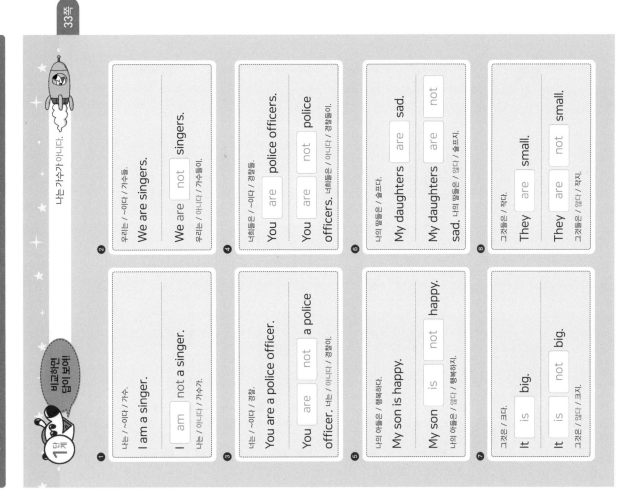

영작이 되면 이 영문법은 OK!

3강

그들은 행복하다.

① 우리 아들은 행복하다. Our son [is] happy.

② 나의 아들은 행복하다. My son is [happy].

③ 나의 딸은 행복하다. My daughter [is] happy.

④ 나의 딸은 슬프다. My [daughter] is sad.

⑤ 그녀의 딸은 슬프다. Her daughter is sad.

⑥ 그는 슬프다. He [is] [sad].

⑦ 그는 (덩치가) 크다. He [is] big.

⑧ 그들의 탁자는 크다. Their table is [big].

⑨ 그들의 탁자는 작다. Their [table] is small.

⑩ 그들의 탁자들은 작다. Their tables are small.

⑪ 그것들은 작다. They [are] small.

⑫ 그들은 행복하다. They are happy.

▶ 우리말과 일치하도록 단어를 바르게 배열하세요.

확인문제

1. 그것은 작다. (small / It / is) → ___It is small.___

2. 우리는 슬프다. (are / We / sad) → ___We are sad.___

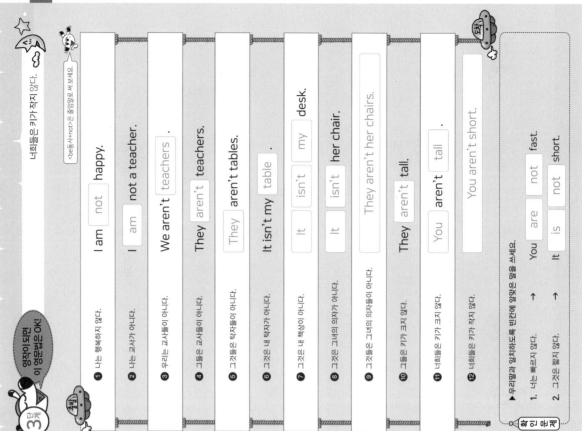

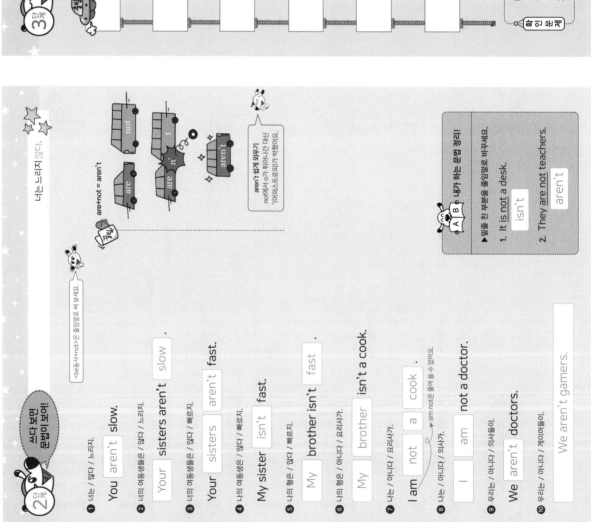

35쪽

3단계

영작이 되면 이 영역색은 OK!

너희들은 키가 작지 않다.

<am/are+not+형용사>

① 나는 행복하지 않다. I am [not] happy.
② 나는 교사가 아니다. I [am] not a teacher.
③ 우리는 교사들이 아니다. We aren't [teachers] .
④ 그들은 교사들이 아니다. They [aren't] teachers.
⑤ 그것들은 탁자들이 아니다. [They] aren't tables.
⑥ 그것은 내 탁자가 아니다. It isn't my [table] .
⑦ 그것은 내 책상이 아니다. It [isn't] my desk.
⑧ 그것은 그녀의 의자가 아니다. It [isn't] her chair.
⑨ 그것들은 그녀의 의자들이 아니다. [They aren't her chairs.]
⑩ 그들은 키가 크지 않다. They [aren't] tall.
⑪ 너희들은 키가 크지 않다. You [aren't] [tall] .
⑫ 너희들은 키가 작지 않다. You aren't short.

확인문제 ▶ 우리말과 일치하도록 빈칸에 알맞은 말을 쓰세요.

1. 너는 빠르지 않다. You [are] [not] fast. → You [aren't] fast.
2. 그것은 짧지 않다. It [is] [not] short. → It [isn't] short.

34쪽

2단계

문장 만들기

너는 느리지 않다.

<be동사+not>은 줄임말 좋음.

① 나는 / 않다 / 느리지. You [aren't] slow.
② 너의 여동생들은 / 않다 / 느리지. Your [sisters] [aren't] [slow] .
③ 너의 여동생들은 / 않다 / 빠르지. Your [sisters] [aren't] fast.
④ 나의 여동생은 / 않다 / 빠르지. My sister [isn't] fast.
⑤ 나의 형은 / 않다 / 빠르지. My [brother] isn't [fast] .
⑥ 나의 형은 / 아니다 / 요리사가. My [brother] isn't a cook.
⑦ 나는 / 아니다 / 요리사가. I [am] not a [cook] .
⑧ 나는 / 아니다 / 의사가. [I] [am] not a doctor.
⑨ 우리는 / 아니다 / 의사들이. We [aren't] doctors.
⑩ 우리는 / 아니다 / 게이머들이. We aren't gamers.

→ am not은 줄여 쓸 수 없어요.

are+not = aren't

are / not / t / n / are n't

aren't 쉽게 외우기
not에서 o가 튀어나간 대신 '(어포스트로피)가 박혔어요.

A,B 내가 하는 문법 정리! ▶ 밑줄 친 부분을 줄임말로 바꾸세요.

1. It is not a desk. isn't
2. They are not teachers. aren't

10

07 | 너는 슬프니? Are you sad?

1단계 비교하면 단어가 보여

그는 경찰이니?

① 너는 ~이다 / 행복한. (너는 행복하다.)
You are happy.
~이니 / 너는 / 행복한? (너는 행복하니?)
[Are] [you] happy?

② 응 / 나도 그래.
[Yes] , I am.
No, I'm not.
아니, / 나도 안 그래.   I'm = I am 의 줄임말.

③ 그는 ~이다 / 경찰.
He is a police officer.
~이니 / 그는 / 경찰?
[Is] [he] a police officer?

④ 응 / 그도 그래.
[Yes] , he is.
No, he [isn't] .
아니, / 그도 안 그래(아니야).

⑤ 그들은 ~이다 / 가수들.
They are singers.
~이니 / 그들은 / 가수들?
[Are] [they] singers?

⑥ 응, 그들은 그래.
[Yes] , they are.
No, they [aren't] .
아니, / 그들은 안 그래(아니야).

⑦ 그것은 ~이다 / 너의 의자.
It is your chair.
~이니 / 그것은 / 너의 의자?
[Is] [it] your chair?

⑧ 응, 그것은 그래.
Yes, [it] [is] .
No, [it] [isn't] .
아니, / 그것은 안 그래(아니야).

38쪽

2단계 쓰다 보면 문장이 보여

너희들은 게이머들이니?

① ~이니 / 너는 / 게이머?
[Are] [you] a gamer?
응 / 나도 그래.
Yes, [I] am.

② ~이니 / 너희들은 / 게이머들?
Are you [gamers] ?
아니, / 우리는 안 그래(아니야).
No , [we] [aren't] .

③ ~이니 / 너희들은 / 그의 형들?
Are you [his] brothers?
응 / 우리도 그래.
Yes, we [are] .

④ ~이니 / 너는 / 그의 형?
[Are] [you] [his] brother?
아니, / 나는 안 그래(아니야).
No , [I'm] [not] .

⑤ ~이니 / 당신은 / 그의 엄마?
Are [you] [his] mother?
응 / 나도 그래.
Yes, [I] [am] .

⑥ ~이니 / 그녀는 / 그의 엄마?
Is she [his] mother ?
아니, / 그녀는 안 그래(아니야).
No, she [isn't] .

⑦ ~이니 / 그녀는 / 너의 엄마?
[Is] [she] your mother?
응 / 그녀는 그래.
Yes, [she] [is] .

⑧ ~이니 / 그녀는 / 너의 언니?
Is she your sister?
아니, / 그녀는 안 그래(아니야).
No [, she isn't] .

⑨ ~이니 / 그들은 / 너의 언니들?
Are they [your] sisters?
응 / 그들은 그래.
Yes, [they] are.

⑩ ~이니 / 그들은 / 너의 부모?
Are [they] your parents?
아니, / 그들은 안 그래(아니야).
No [, they] [aren't]

08 시험에는 이렇게 나온다

01~07과 복습

맞힌 개수 ____/25개

[1~3] 알맞은 be동사를 찾아 선으로 연결하세요.

1. you —— am
2. he ——— are
3. I ——— is

[4~6] 다음 질문을 보고 문장을 완성하세요.

다음 사람들의 직업이 뭐예요?

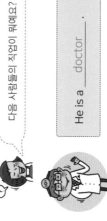

4. He is a ___doctor___ .

5. She ___ is ___ a ___ cook ___ .

6. They ___ are ___ teachers ___ .

3단계

영작이 되면 이 영문법은 OK!

당신의 딸들은 키가 작은가요?

❶ 그것은 그의 의자니?
Is [it] his chair?
응, 그것은 그래.
Yes, [it] [is] .

❷ 그것들은 그의 의자들이니?
Are they [his] [chairs] ?
아니, 그것들은 안 그래(아니야).
No, they [aren't] .

❸ 그것들은 의자들이니?
Are [they] [chairs]?
응, 그것들은 그래.
Yes, [they] are.

❹ 그들은 행복하니?
Are they happy?
아니, 그들은 안 그래.
No, [they] [aren't].

❺ 너는 행복하니?
Are [you] [happy]?
응, 나는 그래.
Yes, [I] am.

❻ 너는 키가 크니?
Are you tall?
아니, 나는 안 그래.
No, [I'm] [not].

❼ 그는 키가 크니?
Is [he] [tall]?
응, 그도 그래.
Yes, [he] [is] .

❽ 그는 키가 작니?
Is [he] [short] ?
아니, 그도 안 그래.
No, [he] isn't.

❾ 당신의 딸은 키가 작은가요?
Is [your] daughter short?
응, 그녀는 그래.
Yes, she is.

❿ 당신의 딸들은 키가 작은가요?
Are your daughters short?
아니, 그들은 안 그래.
No, they [aren't] .

12

[14~15] 그림을 보고 맞는 문장을 고르세요.

14.

He is a singer. (O)
He is not a singer. ( )

15.

I am sad. ( )
I am not sad. (O)

[16~18] 밑줄 친 부분을 바르게 고쳐 쓰세요.

16. It am small.　→　　is

17. They are cook.　→　　cooks

18. He not is a gamer.　→　　is not(isn't)

[19~20] 다음 문장을 '~이 아니다'라고 부정하는 문장으로 바꿔 쓰세요.

19. It is a desk.　→　It is not(isn't) a desk.

20. We are happy.　→　We are not(aren't) happy.

01~07과 복습

7. 우리말을 읽고, 빈칸에 사람의 모습을 나타내는 말을 쓰세요.

1) 그는 슬프다.　He is 　sad　.

2) 나는 키가 작다.　I am 　short　.

[8~10] 괄호 안에서 알맞은 말을 고르세요.

8. This is (I / my) book.

9. They are (you / your) parents.

10. He is (her / she) brother.

[11~13] 빈칸에 알맞은 말을 고르세요.

11. She ＿＿＿＿ a doctor.

① am　② are　③ is

12. It is ＿＿＿＿.

① a desk　② desk　③ desks

13. We are ＿＿＿＿.

① our　② happy　③ YouTuber

1단계

비교하면 단어암기!

내 가방은 바구니 안에 있다.

My bag is on the chair.

① 내 가방은 / 있다 / 상자 안에.
My bag is in the box.
My bag is on the box.
내 가방은 / 있다 / 상자 위에.

② 내 가방은 / 있다 / 바구니 안에.
My bag is [in] the basket.
My bag is [on] the desk.
내 가방은 / 있다 / 책상 위에.

③ 그녀의 전화는 / 있다 / 책상 위에.
Her phone is [on] the desk.
Her phone is under the desk.
그녀의 전화는 / 있다 / 책상 아래에.

④ 그녀의 전화는 / 있다 / 의자 위에.
Her phone is [on] the chair.
Her phone is [under] the chair.
그녀의 전화는 / 있다 / 의자 아래에.

⑤ 그의 고양이는 / 있다 / 바구니 안에.
His cat is [in] the basket.
His cat is next to the basket.
그의 고양이는 / 있다 / 바구니 옆에.

⑥ 그의 고양이는 / 있다 / 상자 안에.
His cat is [in] the box.
His cat is [next] [to] the desk. 그의 고양이는 / 있다 / 책상 옆에.

⑦ 네 모자는 / 있다 / 탁자 아래에.
Your cap is under the table.
Your cap is [next] [to] the table. 네 모자는 / 있다 / 탁자 옆에.

⑧ 네 모자는 / 있다 / 바구니 안에.
Your cap is [in] the basket.
Your cap is [on] the table.
네 모자는 / 있다 / 탁자 위에.

풀어볼 복습 01~07과 복습

[21~23] 우리말과 일치하도록 괄호 안의 단어를 바르게 배열하세요.

21. 나의 누나는 키가 크다. (is / My sister / tall)
→ My sister is tall.

22. 그것은 탁자가 아니다. (a table / isn't / It)
→ It isn't a table.

23. 너는 그의 형이니? (Are / his brother / you)
→ Are you his brother?

[24~25] 그림을 보고 질문에 알맞은 대답을 쓰세요.

24.
A: Are they tables?
B: No ____ , they __aren't__ .

25.
A: Is she happy?
B: Yes ____ , she ___ is ___ .

3단계

영작이 되면 이 영문법은 OK!

그의 모자는 가방 안에 있다.

① 네 모자는 바구니 안에 있다.
Your cap is [in] the basket.

② 네 고양이는 바구니 안에 있다.
Your cat is in the [basket] .

③ 네 고양이는 상자 안에 있다.
Your [cat] is [in] the box.

④ 네 고양이는 상자 옆에 있다.
Your cat [is] next to the box.

⑤ 내 전화는 상자 옆에 있다.
My phone is next to the box.

⑥ 내 전화는 책상 옆에 있다.
My phone is [next] [to] the desk.

⑦ 내 전화는 책상 아래에 있다.
My [phone] is under the desk.

⑧ 그의 모자는 책상 아래에 있다.
His cap is under the [desk] .

⑨ 그의 모자는 의자 아래에 있다.
His cap is under the chair.

⑩ 그의 모자는 의자 위에 있다.
His [cap] [is] on the chair.

⑪ 그의 모자는 가방 위에 있다.
His cap [is] [on] the bag.

⑫ 그의 모자는 가방 안에 있다.
His cap is in the bag.

확인문제

▲ 그림과 일치하도록 빈칸에 알맞은 말을 쓰세요.

1. My cap is [on] the desk.

2. Your phone is [next] [to] the cap.

2단계

문법이 쉬워진다!

그의 가방은 책상 아래에 있다.

① 내 가방은 / 있다 / 책상 아래에.
My bag is [under] the desk.

② 그의 가방은 / 있다 / 책상 아래에.
His bag is under the [desk] .

③ 그의 가방은 / 있다 / 탁자 아래에.
His [bag] [is] under the table.

④ 그의 가방은 / 있다 / 탁자 위에.
His bag [is] on the [table] .

⑤ 그녀의 모자는 / 있다 / 탁자 위에.
Her [cap] [is] on the [table] .

⑥ 그녀의 모자는 / 있다 / 상자 위에.
Her [cap] [is] on the box.

⑦ 그녀의 모자는 / 있다 / 상자 안에.
Her cap [is] [in] the box.

⑧ 네 전화는 / 있다 / 상자 안에.
Your phone is in the box.

⑨ 네 전화는 / 있다 / 바구니 안에.
Your phone is [in] the basket.

⑩ 네 전화는 / 있다 / 바구니 옆에.
Your phone is next [to] the basket.

문법풀이 — be동사의 또 다른 뜻, 있다

be동사 다음에 위치나 장소를 나타내는 말이 오면 be동사는 '있다'는 뜻이에요.

Her cat is on the chair.
그녀의 고양이는 / 있다 / 의자 위에

Her cat is happy.
그녀의 고양이는 / 이다 / 행복한

내가 하는 문법 정리!

A B

▶ 우리말에 맞게 영어로 쓰세요.

1. 위에 [on]

2. 아래에 [under]

3. 안에 [in]

4. 옆에 [next] [to]

10 | 그 상자들은 작다. The boxes are small.

1단계
비교하면 단어가 보여!

그 상자들은 작다. The boxes are small.

① 그 상자는 / 있다 / 탁자 위에.
The box is on the table.
The boxes are on the table.
그 상자들은 / 있다 / 탁자 위에.

② 그 솔은 / ~이다 / 짧은.
The brush is short.
The brushes are short.
그 솔들은 / ~이다 / 짧은.

➡ 따 문장앞의 주어(~은 들)에 따라 be동사는 are를 쓰세요.

③ 그 접시는 / 있다 / 상자 안에.
The dish is in the box.
The dishes are in the box.
그 접시들은 / 있다 / 상자 안에.

④ 그 토마토는 / ~이다 / 좋은.
The tomato is good.
The tomatoes are good.
그 토마토들은 / ~이다 / 좋은.

⑤ 그 벤치는 / ~이다 / 작은.
The bench is small.
The benches are small.
그 벤치들은 / ~이다 / 작은.

⑥ 그 버스는 / ~이다 / 큰.
The bus is big.
The buses are big.
그 버스들은 / ~이다 / 큰.

⑦ 그것은 / ~이다 / 나의 토마토.
It is my tomato .
They are my tomatoes .
그것들은 / ~이다 / 나의 토마토들.

⑧ 그 고양이는 / 있다 / 벤치 위에.
The cat is on the bench .
The cats are on the benches
그 고양이들은 / 있다 / 벤치들 위에.

2단계
쓰다 보면 문법이 보여!

그 버스들은 작다.

① 그 버스들은 / ~이다 / 작은.
The buses are small.

② 그 버스들은 / ~이다 / 좋은.
The buses are good.

③ 그 토마토들은 / ~이다 / 좋은.
The tomatoes are good .

④ 그 토마토들은 / 있다 / 바구니 안에.
The tomatoes are in the basket.

⑤ 그 솔들은 / 있다 / 바구니 안에.
The brushes are in the basket

⑥ 그 솔들은 / ~이다 / 큰.
The brushes are big.

⑦ 그 접시들은 / ~이다 / 큰.
The dishes are big.

⑧ 그 접시들은 / 있다 / 의자 위에.
The dishes are on the chair.

⑨ 그 상자들은 / 있다 / 의자 위에.
The boxes are on the chair.

⑩ 그 상자들은 / ~이다 / 작은.
The boxes are small.

고마워
왜 -s가 아닌 -es가 붙는 걸까요?
그건 발음을 쉽게 하기 위해서예요.
(×) buss[버스스] brushs[브러시스]
(○) buses[버시즈] brushes[브러쉬즈]
-s, -ch, -sh, -x로 끝나는 단어는
[-s/스]를 붙이면 입 안에 힘이 많이
들어가서 발음하기 불편해요. 대신
[-es/이즈]를 붙이면 발음이 부드러
워져서 말하기가 쉬워지요.

내가 하는 문법 정리!

▶ 다음 단어를 둘 이상을 나타내는 말로
바꾸세요.

1. bench		benches
2. box		boxes
3. dish		dishes
4. brush		brushes

16

11 | 이것은 나의 연필이다. This is my pencil.

1단계 1

비교하면 쉬워 보여!

저것은 나의 책이다.

① 이것은 / ~이다 / 나의 책.
This is my book.
[That] is my book.
저것은 ~이다 / 나의 책.

② 이것들은 / ~이다 / 나의 책들.
[These] are my books.
Those are my books.
저것들은 / ~이다 / 나의 책들.

③ 이것은 / ~이다 / 그의 자.
[This] is his ruler.
[That] is his ruler.
저것은 ~이다 / 그의 자.

④ 이것들은 / ~이다 / 그의 자들.
These are his rulers.
[Those] are his rulers.
저것들은 / ~이다 / 그의 자들.

⑤ 이것은 / ~이다 / 너의 연필.
[This] is your pencil.
[That] is your pencil.
저것은 ~이다 / 너의 연필.

⑥ 이것들은 / ~이다 / 너의 스니커즈.
[These] are your sneakers.
[Those] are your sneakers.
저것들은 / ~이다 / 너의 스니커즈.

⑦ 이것은 / ~이다 / 그녀의 지우개.
[This] is her eraser.
[That] is her eraser.
저것은 ~이다 / 그녀의 지우개.

⑧ 이것들은 / ~이다 / 그녀의 신발.
[These] are her shoes.
[Those] are her shoes.
저것들은 / ~이다 / 그녀의 신발.

스니커즈(sneakers)나 신발(shoes)처럼 쌍을 이루는 것은 항상 단어 끝에 -s를 붙여요.

3단계 3

영작이 되면 이 영문법은 OK!

그 상자들은 바구니 안에 있다.

① 그 벤치들은 크다. The [benches] are big.

② 그 벤치들은 작다. The benches [are] small.

③ 그 벤치는 작다. The bench is small.

④ 그 접시는 작다. The dish is [small].

⑤ 그 접시들은 작다. The [dishes] are small.

⑥ 그 접시들은 탁자 아래에 있다. The dishes [are] under the table.

⑦ 그 토마토들은 탁자 아래에 있다. The [tomatoes] are under the [table].

⑧ 그 토마토들은 의자 옆에 있다. The tomatoes are [next] to the chair.

⑨ 그 토마토는 의자 옆에 있다. The [tomato] is next to the chair.

⑩ 그 상자는 의자 옆에 있다. The box is next to the chair.

⑪ 그 상자들은 의자 옆에 있다. The [boxes] [are] next to the chair.

⑫ 그 상자들은 바구니 안에 있다. The boxes are in the basket.

확인문제

▶ 괄호 안에서 알맞은 말을 고르세요.

1. The (dish / **dishes**) are in the box.

2. The (**boxes** / box) are under the table.

54쪽

2단계 — 문장을 영어로 써봐!

저것들은 그녀의 연필들이다.

포인트
This is나 That is 다음에는 1개/1명을 나타내는 말이 오고, These are이나 Those are 다음에는 2개/2명 이상을 나타내는 말이 와요.
That is my cap. 모자 1개
Those are my caps. 모자들

1 이것은 /~이다 / 그의 지우개.   This is his eraser.
2 이것은 /~이다 / 나의 지우개.   This is my eraser .
3 저것은 /~이다 / 나의 지우개.   That is my eraser.
4 저것은 /~이다 / 나의 연필.   That is my pencil .
5 저것은 /~이다 / 그녀의 연필.   That is her pencil.
6 저것들은 /~이다 / 그녀의 연필들.   Those are her pencils.
7 저것들은 /~이다 / 너의 연필들.   Those are your pencils.
8 저것들은 /~이다 / 너의 신발.   Those are your shoes.
9 이것들은 /~이다 / 너의 신발.   These are your shoes .
10 이것들은 /~이다 / 그의 신발.   These are his shoes.

A B 내가 하는 문법 정리!
▶ 우리말에 맞게 영어로 쓰세요.
1. 이것   this
2. 이것들   these
3. 저것   that
4. 저것들   those

55쪽

3단계 — 영작이 되면 이 영문법은 OK!

이것은 그녀의 자이다.

1 이것들은 나의 스니커즈이다.   These are my sneakers.
2 이것들은 그의 스니커즈이다.   These are his sneakers .
3 저것들은 그의 스니커즈이다.   Those are his sneakers .
4 저것들은 그녀의 스니커즈이다.   Those are her sneakers.
5 저것들은 그녀의 신발이다.   Those are her shoes.
6 저것들은 나의 신발이다.   Those are my shoes .
7 저것은 나의 신발 (한 짝)이다.   That is my shoe.
8 저것은 너의 신발 (한 짝)이다.   That is your shoe.
9 저것은 너의 책이다.   That is your book.
10 이것은 너의 책이다.   This is your book.
11 이것은 너의 자이다.   This is your ruler.
12 이것은 그녀의 자이다.   This is her ruler.

확인 문제
▶ 괄호 안에서 알맞은 말을 고르세요.
1. (**This** / These) is my ruler.
2. That is her (**eraser** / erasers).
3. (That / **Those**) are his sneakers.
4. These are your (book / **books**).

12 | 이 연필은 짧다. This pencil is short.

1단계 비교하면 단어가 보여!

저 책은 가볍다.

① 이 책은 / 무겁다.
This book is heavy.
[That] book is light.
저 책은 / 가볍다.

② 이 책들은 / 무겁다.
[These] books are heavy.
Those books are light.
저 책들은 / 가볍다.

③ 이 지우개는 / 작다.
This eraser is small.
That eraser is big.
저 지우개는 / 크다.

④ 이 지우개들은 / 작다.
These erasers are small.
[Those] erasers are big.
저 지우개들은 / 크다.

⑤ 이 자는 / 길다.
This ruler is long.
[That] ruler is short.
저 자는 / 짧다.

⑥ 이 자들은 / 길다.
These rulers are long.
Those rulers are short.
저 자들은 / 짧다.

⑦ 이 장갑은 (한 짝은) / 무겁다.
This glove is heavy.
[That] glove is light.
저 장갑은 (한 짝은) / 가볍다.

⑧ 이 장갑은 / 무겁다.
These gloves are heavy.
Those gloves are light.
저 장갑은 / 가볍다.

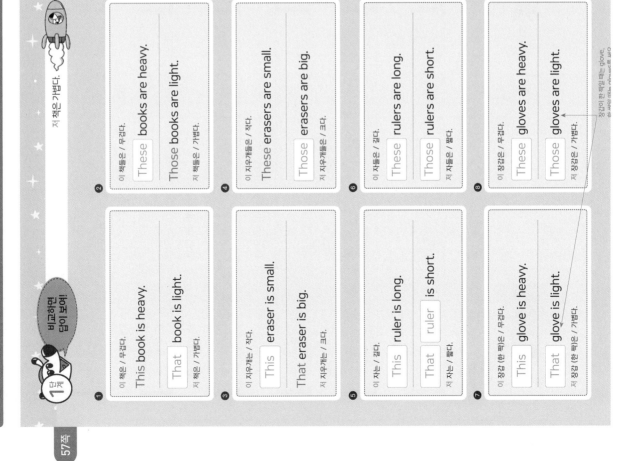

2단계 쓰다 보면 문법이 보여!

저 장갑은 길다.

① 이 연필은 / 짧다.
[This] [pencil] is short.

② 저 연필은 / 짧다.
[That] [pencil is] [short].

③ 저 연필은 / 길다.
That [pencil] [is long].

④ 저 자는 / 길다.
[That] [ruler] [is] [long].

⑤ 저 자들은 / 길다.
[Those] [rulers] [are] [long].

⑥ 저 장갑은 (두 짝은) / 길다.
[Those] [gloves] [are] long.

⑦ 저 장갑은 / 가볍다.
[Those] [gloves] [are light].

⑧ 이 장갑은 (두 짝은) / 가볍다.
[These] gloves [are] [light].

⑨ 이 안경은 / 가볍다.
These glasses are [light].

⑩ 이 안경은 / 작다.
These glasses [are] [small].

꿀팁 안경, 운동화, 장갑처럼 쌍을 이루는 물건을 가리킬 때는 그 물건에 -s를 붙여요. 하지만 이런 물건들의 한 짝만 말할 때는 -s를 붙이면 안 돼요.
That glove is big. 장갑 한 짝
Those gloves are big. 장갑 두 짝(한 쌍)

A, B 내가 하는 문법 정리!
▶ 우리말에 맞게 영어로 쓰세요.
1. 이 연필 [this] pencil
2. 저 상자 [that] box
3. 이 사과들 [these] apples
4. 저 의자들 [those] chairs

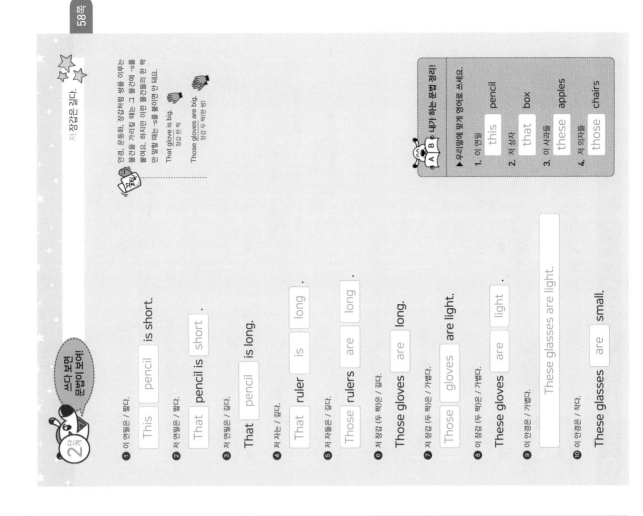

19

13 | 책 한 권이 있다. There is a book.

1단계

비교하면 단어 보여!

필통 한 개가 있다.

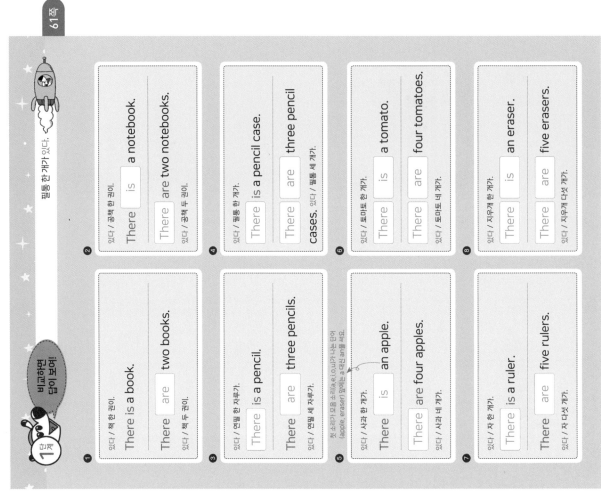

① 있다 / 책 한 권이. There is a book.
있다 / 책 두 권이. There **are** two books.

② 있다 / 공책 한 권이. There **is** a notebook.
있다 / 공책 두 권이. There are two notebooks.

③ 있다 / 연필 한 자루가. There **is** a pencil.
있다 / 연필 세 자루가. There **are** three pencils.

④ 있다 / 필통 한 개가. There is a pencil case.
있다 / 필통 세 개가. There **are** three pencil cases.

⑤ 있다 / 사과 한 개가. There **is** an apple.
있다 / 사과 네 개가. There are four apples.

⑥ 있다 / 토마토 한 개가. There **is** a tomato.
있다 / 토마토 네 개가. There **are** four tomatoes.

⑦ 있다 / 자 한 개가. There is a ruler.
있다 / 자 다섯 개가. There **are** five rulers.

⑧ 있다 / 지우개 한 개가. There **is** an eraser.
있다 / 지우개 다섯 개가. There **are** five erasers.

첫 소리가 모음 소리(a,i,o,u)가 나는 단어 (apple, eraser) 앞에는 a 대신 an을 써요.

3단계

이 토마토는 작다.

영작이 되면 이 영문법은 OK!

① 이 책들은 무겁다. **These** **books** are heavy.
② 이 책은 무겁다. This book **is** **heavy** .
③ 저 책은 무겁다. That book is heavy.
④ 저 상자는 무겁다. That box **is** heavy.
⑤ 저 상자는 크다. **That** **box** is big.
⑥ 저 상자들은 크다. Those boxes are big.
⑦ 저 장갑 (두 짝은) 크다. Those gloves are **big** .
⑧ 저 장갑 (두 짝은) 작다. **Those** **gloves** are small.
⑨ 저 안경은 작다. Those glasses **are** **small** .
⑩ 이 안경은 작다. These glasses are small.
⑪ 이 토마토들은 작다. **These** **tomatoes** **are** small.
⑫ 이 토마토는 작다. This tomato is small.

▶ 괄호 안에서 알맞은 말을 고르세요.

1. (This / **These**) shoes are small.
2. (**That** / Those) bench is long.
3. This (**tomato** / tomatoes) is big.
4. Those boxes (is / **are**) heavy.

62쪽

2단계 문장이 술술!

공책 세 권이 있다.

① 있다 / 공책 한 권이.
There [is] a notebook.
↑하나를 표현할 때는 one 대신 a를 많이 써요.

② 있다 / 공책 세 권이.
There [are] three notebooks.

③ 있다 / 책 세 권이.
There are [three] books.

④ 있다 / 책 네 권이.
There are four books.

⑤ 있다 / 책 한 권이.
There is a [book] .

⑥ 있다 / 필통 한 개가.
There [is] a pencil case.

⑦ 있다 / 필통 두 개가.
There [are] two [pencil] [cases] .

⑧ 있다 / 사과 두 개가.
There are two apples.

⑨ 있다 / 사과 한 개가.
There is an(one) apple.

⑩ 있다 / 벤치 한 개가.
There [is] a bench.

숫자를 써 보며 익히세요.

0 zero	zero	
1 one	one	
2 two	two	
3 three	three	
4 four	four	
5 five	five	
6 six	six	
7 seven	seven	
8 eight	eight	
9 nine	nine	
10 ten	ten	

A B 내가 하는 문법 정리

▶ 우리말에 맞게 영어로 쓰세요.

1. 1개가 있다.　There [is] + 1개.

2. 여러 개가 있다.　There [are] + 여러 개.

63쪽

3단계 영작이 되면 이 영문법은 OK!

정강 한 짝이 탁자 아래에 있다.

① 벤치 두 개가 있다.
There [are] two benches.

② 벤치 다섯 개가 있다.
There [are] [five] benches .

③ 토마토 다섯 개가 있다.
There [are] [five] tomatoes.

④ 토마토 한 개가 있다.
There is a(one) tomato.

⑤ 접시 한 개가 있다.
There [is] a dish.

⑥ 접시 네 개가 있다.
There are four [dishes] .

⑦ 지우개 네 개가 있다.
There are four erasers.

⑧ 지우개 한 개가 있다.
There is an(one) [eraser] .

⑨ 신발 한 짝이 있다.
There [is] a shoe.

⑩ 신발 한 짝이 탁자 아래에 있다.
There is a(one) [shoe] under the table.

⑪ 장갑이 탁자 아래에 있다.
There are gloves [under] [the] [table] .

⑫ 장갑 한 짝이 탁자 아래에 있다.
There is a glove under the table.

확인문제

▶ 괄호 안에서 알맞은 말을 고르세요.

1. There (is / are) a cat.　2. There (is / are) two phones.

3. (Those / There) is an eraser.　4. There are (a book / books).

14 | 상자 한 개가 있니? Is there a box?

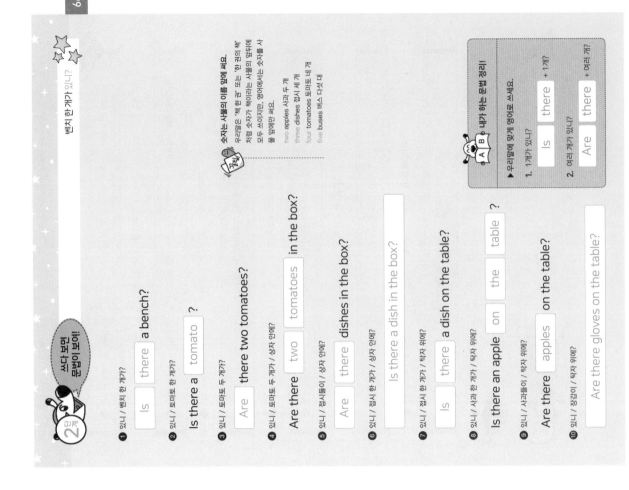

비교해서 영어로 써봐!

1단계

신발이 있니?

① 있다 / 상자 한 개가.
There is a box.
[Is] there a box?
있니 / 상자 한 개가?

② 있다 / 상자들이.
There are boxes.
[Are] there [boxes]?
있니 / 상자들이?

③ 있다 / 신발 한 짝이.
There is a shoe.
[Is] there a shoe?
있니 / 신발 한 짝이?

④ 있다 / 신발이.
There are shoes.
[Are] there shoes?
있니 / 신발이?

⑤ 있다 / 책 한 권이 / 상자 안에.
There is a [book] in the box.
[Is] there a book in the box? 있니 / 책 한 권이 / 상자 안에?

⑥ 있다 / 책들이 / 상자 안에.
There are [books] in the box.
[Are] there books in the box? 있니 / 책들이 / 상자 안에?

⑦ 있다 / 모자 한 개가 / 책상 위에.
There [is] a cap on the desk.
[Is] there a cap on the desk? 있니 / 모자 한 개가 / 책상 위에?

⑧ 있다 / 모자 두 개가 / 책상 위에.
There [are] two caps on the desk. 있다 / 모자 두 개가 / 책상 위에.
[Are] there two caps on the desk? 있니 / 모자 두 개가 / 책상 위에?

영어 문장으로 써봐!

2단계

벤치 한 개가 있니?

① 있니 / 벤치 한 개가?
[Is] there a bench?

② 있니 / 토마토 한 개가?
Is there a [tomato]?

③ 있니 / 토마토 두 개가?
[Are] there two tomatoes?

④ 있니 / 토마토 두 개가 / 상자 안에?
Are there [two] [tomatoes] in the box?

⑤ 있니 / 접시들이 / 상자 안에?
[Are] [there] dishes in the box?

⑥ 있니 / 접시 한 개가 / 상자 안에?
Is there a dish in the box?

⑦ 있니 / 접시 한 개가 / 탁자 위에?
[Is] [there] a dish on the table?

⑧ 있니 / 사과 한 개가 / 탁자 위에?
Is there an apple [on] [the] [table] ?

⑨ 있니 / 사과들이 / 탁자 위에?
Are there [apples] on the table?

⑩ 있니 / 장갑이 / 탁자 위에?
Are there gloves on the table?

숫자는 사물의 이름 앞에 써요.

우리말은 '책 한 권' 또는 '한 권의 책'처럼 숫자가 책이라는 사물의 앞뒤에 모두 쓰이지만, 영어에서는 숫자를 사물을 나타내는 말 앞에만 써요.

two apples 사과 두 개
three dishes 접시 세 개
four tomatoes 토마토 네 개
five buses 버스 다섯 대

내가 하는 문법 정리! A B

▶ 우리말에 맞게 영어로 쓰세요.

1. 1개가 있니?
[Is] there + 1개?

2. 여러 개가 있니?
[Are] there + 여러 개?

22

15 | 그는 훌륭한 요리사이다. He is a good cook.

단계 1

비교하면 단어가 보여!

이것은 긴 자이다.

① 나는 ~이다 / 경찰.
I am a police officer.
I am a [good] police officer.
나는 ~이다 / 훌륭한 경찰관.

② 우리는 ~이다 / 경찰들.
We are police officers.
We are [good] police officers .
우리는 ~이다 / 훌륭한 경찰들.

③ 이것은 ~이다 / 자.
This is a [ruler] .
This is a [long] ruler .
이것은 ~이다 / 긴 자.

④ 이것들은 ~이다 / 자들.
These are rulers.
These are [long] rulers .
이것들은 ~이다 / 긴 자들.

⑤ 저것은 ~이다 / 탁자.
That is a [table] .
That is a [small] table .
저것은 ~이다 / 작은 탁자.

⑥ 저것들은 ~이다 / 탁자들.
Those are tables .
Those are [small] tables .
저것들은 ~이다 / 작은 탁자들.

⑦ 있다 / 벤치가.
There is a bench.
There is a [big] bench .
있다 / 큰 벤치가.

⑧ 있다 / 벤치들이.
There are benches.
There are [big] benches .
있다 / 큰 벤치들이.

단계 3

영작이 되면 이 영문법은 OK!

바구니 옆에 공책 한 권이 있니?

❶ 의자 위에 신발이 있니?
[Are] [there] shoes [on] the chair?

❷ 의자 아래에 신발이 있니?
Are there shoes under the [chair] ?

❸ 의자 아래에 스니커즈가 있니?
Are there sneakers under [the] [chair] ?

❹ 의자 아래에 스니커즈 한 짝이 있니?
[Is] [there] [a] sneaker under the chair?

❺ 의자 아래에 상자 한 개가 있니?
Is there a box under the chair?

❻ 탁자 아래에 상자 한 개가 있니?
Is [there] [a] box under the table?

❼ 탁자 아래에 상자들이 있니?
[Are] [there] boxes [under] the table?

❽ 탁자 아래에 솔들이 있니?
Are [there] brushes under [the] [table] ?

❾ 탁자 옆에 솔들이 있니?
Are [there] brushes by the table?
옆에 라는 뜻으로 위치를 나타내는 by도 있어요.

❿ 탁자 옆에 솔 한 개가 있니?
Is there a brush [by] [the] [table] ?

⓫ 바구니 옆에 솔 한 개가 있니?
[Is] [there] [a] brush by the basket?

⓬ 바구니 옆에 공책 한 권이 있니?
Is there a notebook by the basket?

확인문제
▶ 괄호 안에서 알맞은 말을 고르세요.
1. (Is /(Are)) there pencils on the desk?
2. ((Is)/ Are) there a cat under the table?

70쪽

2단계 문장이 쑥쑥!

그는 행복한 요리사이다.

① 그는 ~이다 / 행복한 요리사.
He is a [happy] cook .

② 그녀는 ~이다 / 행복한 요리사.
She [is] a happy cook.

③ 그녀는 ~이다 / 훌륭한 요리사.
She [is] a good cook.

④ 그들은 ~이다 / 훌륭한 요리사들.
They are [good] cooks .

⑤ 그들은 ~이다 / 훌륭한 유튜버들.
They [are] [good] YouTubers .

⑥ 이 사람들은 ~이다 / 훌륭한 유튜버들.
These [are] [good] YouTubers .

⑦ 이 사람은 ~이다 / 훌륭한 유튜버.
This is [a] [good] YouTuber .

⑧ 이것은 ~이다 / 좋은 토마토.
This is a good tomato.

⑨ 이것들은 ~이다 / 좋은 토마토들.
These [are] [good] tomatoes .

⑩ 이것들은 ~이다 / 작은 토마토들.
These are small tomatoes.

내가 하는 문법 정리!

▶ 우리말에 맞게 영어로 쓰세요.

1. 행복한 게이머 한 명 a [happy] gamer
2. 행복한 게이머들 [happy] gamers
3. 작은 책 한 권 a [small] book
4. 작은 책들 [small] books

참고 사람을 가리킬 때도 this/that!
this: 이 사람   that: 저 사람
these: 이 사람들   those: 저 사람들
This is my friend.
이 사람은 내 친구야.

71쪽

3단계   영작이 되면 이 영문법은 OK!

저것은 짧은 벤치이다.

① 이것은 긴 버스이다.
This is a [long] [bus] .

② 이것들은 긴 버스들이다.
[These] are long [buses] .

③ 저것들은 긴 버스들이다.
[Those] [are] long buses.

④ 긴 버스들이 있다.
There are [long] [buses] .

⑤ 긴 연필들이 있다.
[There] [are] long [pencils] .

⑥ 긴 연필이 있다.
There is a long pencil.

⑦ 짧은 연필이 있다.
[There] [is] [a short] pencil.

⑧ 짧은 자가 있다.
There is a [short] [ruler] .

⑨ 짧은 자들이 있다.
There are short rulers.

⑩ 저것들은 짧은 자들이다.
[Those] [are] short [rulers] .

⑪ 저것은 짧은 자이다.
[That is] [a] [short] [ruler] .

⑫ 저것은 짧은 벤치이다.
That is a short bench.

확인문제

▶ 괄호 안의 단어를 바르게 배열하여 문장을 완성하세요.

1. Those are [fast] [buses] . (buses / fast)
2. She is a [happy] [teacher] . (happy / teacher)

16 시험에는 이렇게 나온다

09~15과 복습

맞힌 개수 ____ /25개

[1~4] 그림을 보고, 공이 어디에 있는지 쓰세요.

1.
   on _____ the box

2.
   under _____ the box

3.
   in _____ the box

4.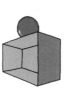
   next _____ to _____ the box

[5~7] 'There is/are'를 이용하여 문장을 완성하세요.

5.
   There ___are___ three notebooks.

6.
   There ___is___ an apple.

7.
   There ___are___ five erasers.

8. 다음 단어들을 둘 이상일 때 쓰는 형태(복수형)로 바꾸세요.

1) this → these
2) that → those
3) bench → benches
4) dish → dishes
5) bus → buses
6) tomato → tomatoes

[9~10] 빈칸에 알맞은 말을 고르세요.

9. There _____ three rulers.

① am   ② are   ③ is

10. _____ desk is heavy.

① This   ② These   ③ There

[11~13] 밑줄 친 부분을 바르게 고쳐 쓰세요.

11. These bench is long. → This

12. There is three cats. → are

13. Those are heavy boxs. → boxes

25

[14~15] 빈칸에 알맞지 않은 말을 고르세요.

14. There are _____ brothers.

① happy　② tall　③ gamer

15. _____ are my parents.

① These　② It　③ Those

[16~17] 우리말과 일치하도록 괄호 안의 단어를 바르게 배열하세요.

16. 이 신발은 작다. (small / These shoes / are)

↑ These shoes are small.

17. 그녀의 안경은 책상 위에 있다. (on the desk / Her glasses / are)

↑ Her glasses are on the desk.

[18~19] 다음 문장을 물어보는 문장으로 바꿔 쓰세요.

18. There is a light book. ↑ Is there a light book?

19. You are a good singer. ↑ Are you a good singer?

[20~22] 우리말과 일치하도록 빈칸에 알맞은 말을 쓰세요.

20. 네 개의 토마토들이 있니? ↑ Are there four tomatoes?

21. 상자 안에 장갑이 있니? ↑ Are there gloves in the box?

22. 탁자 아래에 그녀의 모자가 있니? ↑ Is there her cap under the table?

[23~25] 그림을 보고 빈칸에 사물의 위치를 나타내는 말을 쓰세요.

23.

The cat is ____next____ ____to____ the box.

24.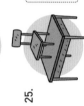

The book is ____in____ the bag.

25.

The chair is ____on____ the desk.

09~15과 복습

17 | 나는 사과를 먹는다. I eat an apple.

1단계 비교하며 문장 늘여보기!

나는 사과를 먹는다.

① 나는 / 먹는다 / 사과를.
I eat an apple.
We [eat] an apple.
우리는 / 먹는다 / 사과를.

② 나는 / 산다 / 사과들을.
I buy apples.
We [buy] apples.
우리는 / 산다 / 사과들을.

③ 우리는 / 좋아한다 / 토마토들을.
You like tomatoes.
They [like] tomatoes.
그들은 / 좋아한다 / 토마토들을.

④ 우리는 / 무척 좋아한다 / 토마토들을.
We love tomatoes.
You [love] tomatoes.
너희들은 / 무척 좋아한다 / 토마토들을.

⑤ 나는 / 원한다 / 바나나를.
I want a banana.
You [want] a banana.
너는 / 원한다 / 바나나를.

⑥ 나는 / 먹는다 / 바나나 두 개를.
I eat two bananas.
They [eat] two bananas.
그들은 / 먹는다 / 바나나 두 개를.

⑦ 우리는 / 만든다 / 케이크를.
We make a cake.
They [make] a cake.
그들은 / 만든다 / 케이크를.

⑧ 우리는 / 가지고 있다 / 케이크들을.
We have cakes.
They [have] cakes.
그들은 / 가지고 있다 / 케이크들을.

2단계 문장 완성하기!

나는 토마토를 가지고 있다.

문법쏙쏙 목적어
동사 다음에 '~을/를'에 해당하는 말
이 오면 '목적어'라고 해요.
나는 / 먹는다 / 토마토를.
I   eat   a tomato.
주어 동사   목적어

① 나는 / 가지고 있다 / 토마토를.
You [have] a tomato.

② 나는 / 먹는다 / 토마토를.
You eat [a] [tomato] .

③ 나는 / 먹는다 / 토마토를.
I eat a tomato.

④ 나는 / 먹는다 / 바나나 세 개를.
I [eat] [three] [bananas] .

⑤ 그들은 / 먹는다 / 바나나 세 개를.
They [eat] [three] bananas .

⑥ 그들은 / 산다 / 바나나 세 개를.
They buy [three] [bananas] .

⑦ 그들은 / 산다 / 책 세 권을.
They [buy] [three] three books.

⑧ 우리는 / 산다 / 책 세 권을.
We buy [three] [books] .

⑨ 우리는 / 가지고 있다 / 책 세 권을.
We [have] three [books] .

⑩ 나는 / 가지고 있다 / 책 세 권을.
I have three books.

내가 하는 문법 정리!
▶ 우리말에 알맞은 일반동사를 쓰세요.
1. 나는 바나나를 먹는다.
I [eat] a banana.
2. 우리는 토마토들을 가지고 있다.
We [have] tomatoes.

18 | 너는 나를 좋아한다. You like me.

1단계 비교하며 답이 보여

그들은 우리를 사랑한다.

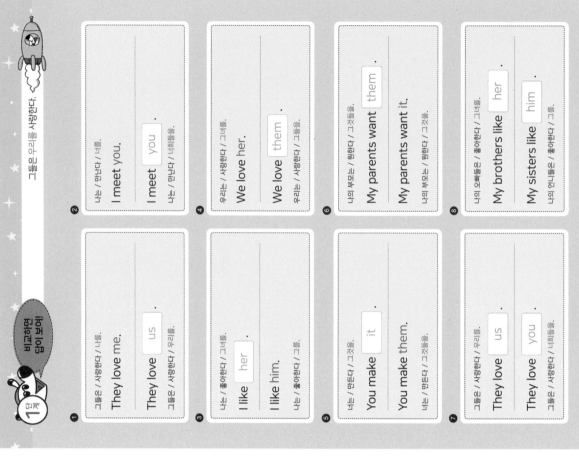

① 그들은 / 사랑한다 / 나를.
They love me.
They love [us].
그들은 / 사랑한다 / 우리를.

② 나는 / 만나다 / 너를.
I meet you.
I meet [you].
나는 / 만나다 / 너희들을.

③ 나는 / 좋아한다 / 그녀를.
I like [her].
I like him.
나는 / 좋아한다 / 그를.

④ 우리는 / 사랑한다 / 그녀를.
We love her.
We love [them].
우리는 / 사랑한다 / 그들을.

⑤ 너는 / 만든다 / 그것을.
You make [it].
You make them.
너는 / 만든다 / 그것들을.

⑥ 나의 부모는 / 원한다 / 그들을.
My parents want [them].
My parents want it.
나의 부모는 / 원한다 / 그것을.

⑦ 그들은 / 사랑한다 / 우리를.
They love [us].
They love [you].
그들은 / 사랑한다 / 너희들을.

⑧ 나의 오빠들은 / 좋아한다 / 그녀를.
My brothers like [her].
My sisters like [him].
나의 언니들은 / 좋아한다 / 그를.

3단계 영작이 되면 이 영문법은 OK!

너는 바나나들을 무척 좋아한다.

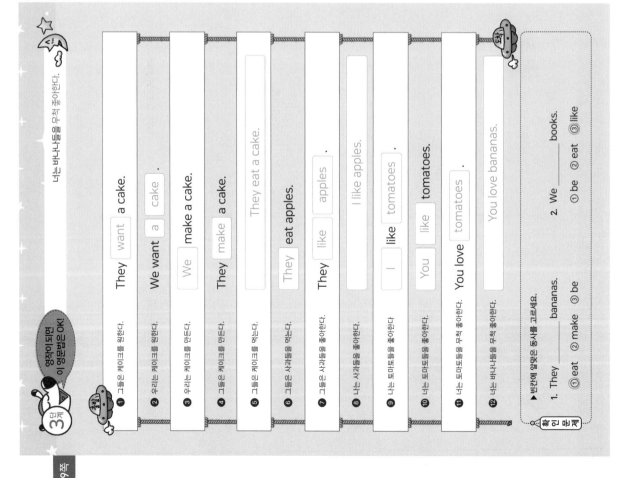

❶ 그들은 케이크를 원한다. They [want] a cake.
❷ 우리는 케이크를 원한다. We want [a] cake.
❸ 우리는 케이크를 만든다. [We] make a cake.
❹ 그들은 케이크를 만든다. They [make] a cake.
❺ 그들은 케이크를 먹는다. They eat a cake.
❻ 그들은 사과들을 먹는다. They eat apples.
❼ 그들은 사과들을 좋아한다. They [like] apples.
❽ 나는 사과들을 좋아한다. I like apples.
❾ 나는 토마토들을 좋아한다. I [like] tomatoes.
❿ 너는 토마토들을 좋아한다. You [like] tomatoes.
⓫ 너는 토마토들을 무척 좋아한다. You love tomatoes.
⓬ 너는 바나나들을 무척 좋아한다. You love bananas.

확인문제

▶ 빈칸에 알맞은 동사를 고르세요.

1. They _____ bananas.
   ① eat ② make ③ be

2. We _____ books.
   ① be ② eat ③ like

28

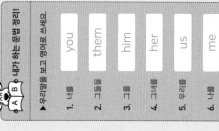

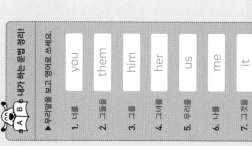

82쪽 (2단계)

문장이 쑥쑥!

우리는 너를 좋아한다.

① 나는 / 좋아한다 / 너를.
I like [you] .

② 우리는 / 좋아한다 / 너를.
We like **you**.

③ 우리는 / 사랑한다 / 너를.
We love [you] .

④ 우리는 / 사랑한다 / 그녀를.
We love **her**.

⑤ 너는 / 사랑한다 / 그녀를.
You love her.

⑥ 너는 / 만난다 / 그녀를.
You meet [her] .

⑦ 너는 / 만난다 / 그를.
You [meet] **him**.

⑧ 나는 / 만난다 / 그를.
I [meet] **him**.

⑨ 나는 / 좋아한다 / 그를.
I like [him] .

⑩ 그들은 / 좋아한다 / 그를.
They like him.

> 문장 끝에는 마침표를 꼭 찍어요!

꼼꼼코치 you는 '너는'(주어)일 때도 '너를'(목적어)일 때도 모두 you! '너희는' 일 때도 '너희들'(여러 명)일 때도 모두 you!

내가 하는 문장 문법 정리!

A/B ▶ 우리말을 보고 영어로 꼭 써보세요.

1. 너를 — you
2. 그들을 — them
3. 그를 — him
4. 그녀를 — her
5. 우리를 — us
6. 나를 — me
7. 그것을 — it

83쪽 (3단계)

영작이 되면 이 영문법은 OK!

나의 부모는 나를 사랑한다.

복습코치

① 나는 그것들을 만든다.
I make [them] .

② 우리는 그것들을 만든다.
We [make] **them**.

③ 우리는 그것들을 원한다.
We want them.

④ 우리는 그것을 원한다.
We **want it**.

⑤ 너는 그것을 원한다.
You **want** [it] .

⑥ 너는 우리를 원한다.
You **want us**.

⑦ 그들은 우리를 원한다.
They want us.

⑧ 그들은 우리를 만난다.
They meet [us] .

⑨ 그들은 나를 만난다.
[They] [meet] **me**.

⑩ 그들은 나를 좋아한다.
They like me.

⑪ 나의 부모는 나를 좋아한다.
My parents like [me] .

⑫ 나의 부모는 나를 사랑한다.
My parents love me.

확인문제

▶ 괄호 안에서 알맞은 말을 고르세요.

1. They meet (**us** / our).
2. His parents love (**him** / his).
3. We make (**them** / their).
4. You love (my / **me**).

29

30

비교하면 답이 보여!
1단계

그는 축구를 좋아한다. He likes soccer.

① 나는 / 좋아한다 / 축구를.
I like soccer.
그는 / 좋아한다 / 축구를.
He likes soccer.

② 나의 친구들은 / 좋아한다 / 축구를.
My friends **like** soccer.
나의 친구는 / 좋아한다 / 축구를.
My friend **likes** soccer.
*My friend는 다음 사람 중 한 명[3인칭 단수]이므로, 동사 모양이 바뀌어요

③ 너는 / 먹는다 / 아이스크림을.
You eat an ice cream.
그녀는 / 먹는다 / 아이스크림을.
She **eats** an ice cream.

④ 당신의 아들들은 / 먹는다 / 아이스크림을.
Your sons **eat** an ice cream.
→ He로 생각해요
당신의 아들은 / 먹는다 / 아이스크림을.
Your son **eats** an ice cream.

⑤ 우리는 / 만든다 / 피자를.
We make a pizza.
그는 / 만든다 / 피자를.
He **makes** a pizza.

⑥ 우리의 엄마들은 / 만든다 / 피자를.
Our moms make a pizza.
→ She로 생각해요
우리의 엄마는 / 만든다 / 피자를.
Our mom **makes** a pizza.

⑦ 그들은 / 산다 / 오렌지들을.
They **buy** oranges.
그녀는 / 산다 / 오렌지들을.
She **buys** oranges.

⑧ 그녀의 언니들은 / 산다 / 오렌지들을.
Her sisters **buy** oranges.
그녀의 언니는 / 산다 / 오렌지들을.
Her sister **buys** oranges.

그는 축구를 한다.

play (운동을) 하다
어떤 운동을 한다고 말할 때는 동사 play를 쓰고, 그 뒤에 운동 이름을 쓰면 돼요.
〈play+운동 이름〉
play basketball　농구를 하다
play table tennis　탁구를 치다

쓰다 보면 문법이 보여!
2단계

① 그는 / 한다 / 축구를.
He **plays** soccer.

② 나의 여동생은 / 한다 / 축구를.
My sister plays **soccer** .

③ 나의 여동생은 / 한다 / 농구를.
My **sister** **plays** basketball.

④ 그의 친구는 / 한다 / 농구를.
His friend plays basketball.

⑤ 그의 친구는 / 좋아한다 / 농구를.
His friend **likes** **basketball**.

⑥ 그의 친구는 / 좋아한다 / 야구를.
His **friend** **likes** baseball.

⑦ 그의 친구들은 / 좋아한다 / 야구를.
His friends **like** **baseball** .

⑧ 그의 친구들은 / 무척 좋아한다 / 야구를.
His friends **love** baseball.

⑨ 그녀의 친구는 / 무척 좋아한다 / 야구를.
Her friend **loves** **baseball** .

⑩ 그녀는 / 무척 좋아한다 / 야구를.
She loves baseball.

내가 하는 문법 정리!
▶주어가 He, She, It일 때 다음 동사의 알맞은 모양을 쓰세요.

3인칭 단수
A → B

1. like　**likes**
2. buy　**buys**
3. eat　**eats**
4. love　**loves**
5. make　**makes**
6. play　**plays**

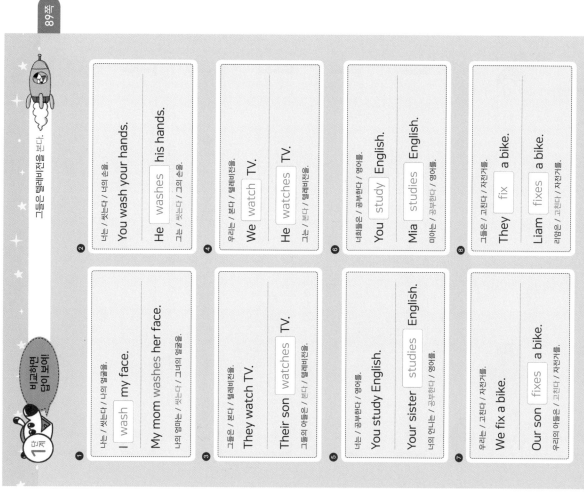

20 | 그녀는 그녀의 얼굴을 씻는다. She washes her face.

단계 1

비교하면 단어가 보여!

그들은 텔레비전을 본다.

그들은 텔레비전을 본다.

① 나는 / 씻는다 / 나의 얼굴을.
I wash my face.

나의 엄마는 / 씻는다 / 그녀의 얼굴을.
My mom washes her face.

② 너는 / 씻는다 / 너의 손을.
You wash your hands.

그는 / 씻는다 / 그의 손을.
He washes his hands.

③ 그들은 / 본다 / 텔레비전을.
They watch TV.

그들의 아들은 / 본다 / 텔레비전을.
Their son watches TV.

④ 우리는 / 본다 / 텔레비전을.
We watch TV.

그는 / 본다 / 텔레비전을.
He watches TV.

⑤ 너는 / 공부한다 / 영어를.
You study English.

너의 언니는 / 공부한다 / 영어를.
Your sister studies English.

⑥ 너희들은 / 공부한다 / 영어를.
You study English.

미아는 / 공부한다 / 영어를.
Mia studies English.

⑦ 우리는 / 고친다 / 자전거를.
We fix a bike.

우리의 아들은 / 고친다 / 자전거를.
Our son fixes a bike.

⑧ 그들은 / 고친다 / 자전거를.
They fix a bike.

리암은 / 고친다 / 자전거를.
Liam fixes a bike.

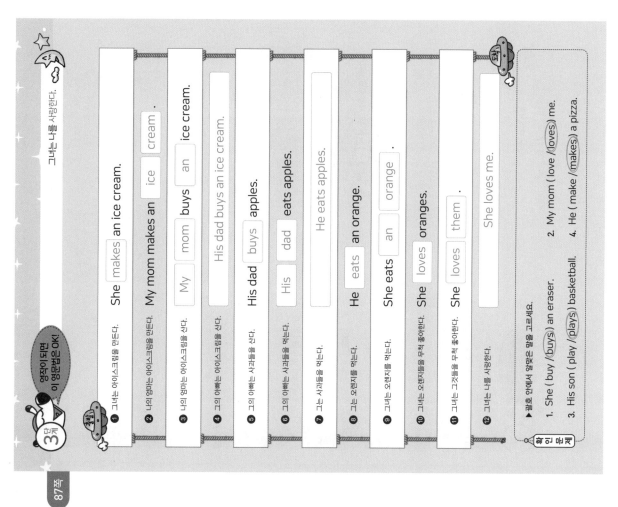

단계 3

영작이 되면 이 영문법은 OK!

그녀는 나를 사랑한다.

단계 3

① 그녀는 아이스크림을 만든다.
She makes an ice cream.

② 나의 엄마는 아이스크림을 만든다.
My mom makes an ice cream.

③ 나의 엄마는 아이스크림을 산다.
My mom buys an ice cream.

④ 그의 아빠는 아이스크림을 산다.
His dad buys an ice cream.

⑤ 그의 아빠는 사과를 산다.
His dad buys apples.

⑥ 그의 아빠는 사과를 먹는다.
His dad eats apples.

⑦ 그는 사과를 먹는다.
He eats apples.

⑧ 그는 오렌지를 먹는다.
He eats an orange.

⑨ 그녀는 오렌지를 먹는다.
She eats an orange.

⑩ 그녀는 오렌지들을 무척 좋아한다.
She loves oranges.

⑪ 그녀는 그것들을 무척 좋아한다.
She loves them.

⑫ 그녀는 나를 사랑한다.
She loves me.

▶ 괄호 안에서 알맞은 말을 고르세요.

1. She (buy / buys) an eraser.

2. My mom (love / loves) me.

3. His son (play / plays) basketball.

4. He (make / makes) a pizza.

확인문제

2단계 · 문장을 써 보면!

그녀는 자전거를 고친다.

① 미아는 / 씻는다 / 그녀의 얼굴을.
Mia [washes] her face.

② 미아는 / 씻는다 / 그녀의 손을.
Mia washes [her] hands.

③ 그녀는 / 씻는다 / 그녀의 손을.
She [washes] her [hands] .

④ 그녀는 / 씻는다 / 자전거를.
[She] washes a bike.

⑤ 그녀는 / 고친다 / 자전거를.
She fixes [a] [bike] .

⑥ 그녀는 / 고친다 / 컴퓨터를.
She [fixes] a computer.

⑦ 라임은 / 고친다 / 컴퓨터를.
Liam [fixes] [a] [computer] .

⑧ 라임은 / 본다 / 텔레비전을.
Liam [watches] TV.

⑨ 라임의 아빠는 / 본다 / 텔레비전을.
Liam's dad watches [TV] .

⑩ 라임의 남동생은 / 본다 / 텔레비전을.
Liam's brother watches TV.

A B 내가 하는 문법 정리!

▶ 주어가 He, She, It일 때 다음 동사의 알맞은 모양을 쓰세요.

1. wash → [washes]
2. study → [studies]
3. watch → [watches]
4. fix → [fixes]

고급팁
'라임의 남동생'이나 '라임의 아빠' 처럼 어떤 사람의 소유를 나타낼 때는 사람 이름 다음에 's를 붙여요.
Liam's brother 라임의 남동생
Liam's dad 라임의 아빠

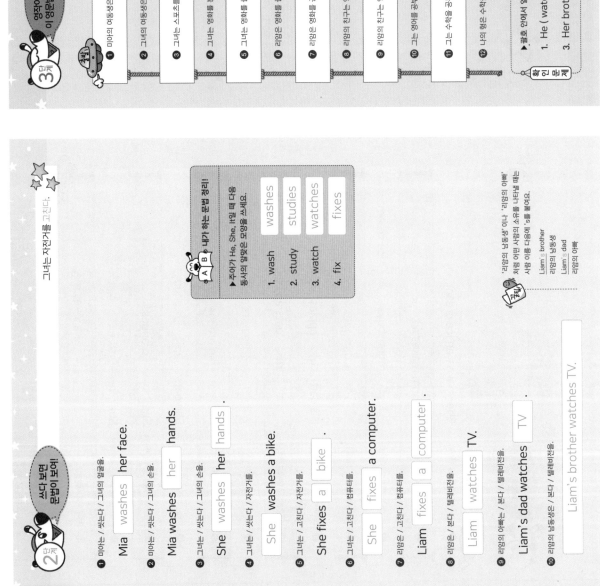

3단계 · 영작이 되면 이 영문법은 OK!

나의 형은 수학을 공부한다.

① 미아의 여동생은 스포츠를 본다.
Mia's sister [watches] sports.

② 그녀의 여동생은 스포츠를 본다.
Her sister watches [sports] .

③ 그녀는 스포츠를 본다.
[She] [watches] sports.

④ 그녀는 영화를 본다.
[She] [watches] movies.

⑤ 그녀는 영화를 즐긴다.
She enjoys [movies] .

⑥ 라임은 영화를 즐긴다.
Liam [enjoys] [movies] .

⑦ 라임은 영화를 공부한다.
[Liam] [studies] movies.

> buy, enjoy처럼 <모음+y>로 끝나는 단어는 주어가 He/She/it일 때 -s만 붙여요. 모음은 a, e, i, o, u!

⑧ 라임의 친구도 영화를 공부한다.
Liam's [friend] studies movies.

⑨ 라임의 친구는 영어를 공부한다.
Liam's friend [studies] English.

⑩ 그는 영어를 공부한다.
He studies English.

⑪ 그는 수학을 공부한다.
He [studies] math.

⑫ 나의 형은 수학을 공부한다.
My brother studies math.

확인문제

▶ 괄호 안에서 알맞은 말을 고르세요.

1. He (watch / (watches)) TV.
2. She (washs / (washes)) her hands.
3. Her brother ((fixes) / fix) a bike.
4. Liam's friend (study / (studies)) math.

32

21 | 나는 8시에 등교한다. I go to school at 8:00.

단계 1계 — 비교하면 단어가 보여요!

그녀는 월요일에 축구를 한다.

① 나는 / 등교한다 / 8시에.
I go to school at 8:00.
그는 / 등교한다 / 8시 30분에.
He goes to school [at] 8:30.
go의 3인칭 단수형은 goes예요.

② 그녀는 / 축구를 한다 / 월요일에.
She plays soccer on Monday.
그들은 / 축구를 한다 / 화요일에.
They play soccer [on] Tuesday.

③ 우리는 / 점심을 먹는다 / 12시에.
We have lunch [at] 12:00.
그녀는 / 점심을 먹는다 / 12시 30분에.
She has lunch [at] 12:30.
have의 3인칭 단수형은 has예요. → have는 먹다라는 뜻도 있어요.

④ Ava studies English [on] Wednesday. 에바는 / 영어를 공부한다 / 수요일에.
I study English [on] Thursday. 나는 / 영어를 공부한다 / 목요일에.

⑤ They go swimming in the morning. 그들은 / 수영하러 간다 / 오전에.
I go swimming [in] the evening. 나는 / 수영하러 간다 / 저녁에.

⑥ Jack goes shopping [on] Friday. 잭은 / 쇼핑하러 간다 / 금요일에.
We go shopping [on] Saturday. 우리는 / 쇼핑하러 간다 / 토요일에.

⑦ They play the piano [in] the afternoon. 그들은 / 피아노를 친다 / 오후에.
Mom plays the piano [in] the evening. 엄마는 / 피아노를 친다 / 저녁에.

⑧ You play baseball [on] Sunday. 너는 / 야구를 한다 / 일요일에.
She plays baseball [on] [Monday]. 그녀는 / 야구를 한다 / 월요일에.

단계 2계 — 쓰다 보면 문장이 보여요!

잭은 저녁에 수학을 공부한다.

① 그는 / 영어를 공부한다 / 화요일에.
He studies English [on] Tuesday.

② 잭은 / 영어를 공부한다 / 화요일에.
Jack [studies] English on [Tuesday].

③ 잭은 / 수학을 공부한다 / 화요일에.
Jack studies math on Tuesday.

④ 잭은 / 수학을 공부한다 / 저녁에.
Jack [studies] math [in] the evening.

⑤ 잭은 / 쇼핑하러 간다 / 저녁에.
Jack goes shopping in the [evening].

⑥ 그녀는 / 쇼핑하러 간다 / 저녁에.
She [goes] [shopping] in the evening.

⑦ 그녀는 / 쇼핑하러 간다 / 오후에.
She [goes] shopping [in] the afternoon.

⑧ 그녀는 / 피아노를 친다 / 오후에.
She [plays] the piano in the [afternoon].

⑨ 나는 / 피아노를 친다 / 오후에.
I play [the] [piano] in the afternoon.

⑩ 나는 / 야구를 한다 / 오후에.
I play baseball in the afternoon.

요일 써 보며 익히세요.

Monday	
Tuesday	
Wednesday	
Thursday	
Friday	
Saturday	
Sunday	

월 Monday
화 Tuesday
수 Wednesday
목 Thursday
금 Friday
토 Saturday
일 Sunday

내가 하는 문법 정리!
▶서로 어울리는 말을 찾아 선으로 연결하세요.

1. in
2. at
3. on

4:00
Wednesday
the morning

33

22 | 우리는 자주 컬링하러 간다. We often go curling.

단계 1

비교하면 단어가 보여!

너는 항상 아침을 먹는다.

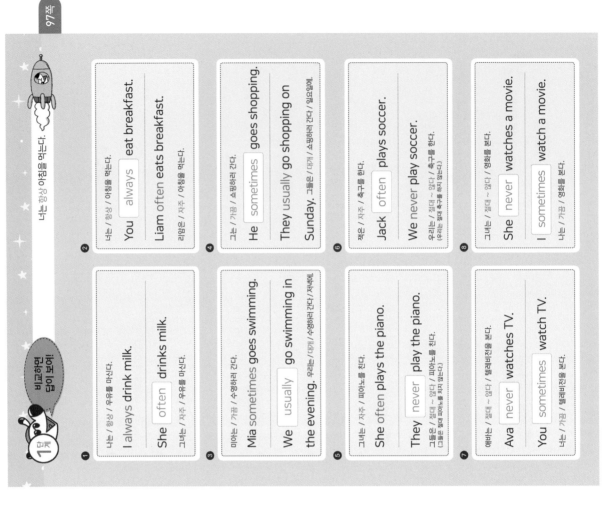

① 나는 / 항상 / 우유를 마신다.
I always drink milk.
She [often] drinks milk.
그녀는 / 자주 / 우유를 마신다.

② 너는 / 항상 / 아침을 먹는다.
You [always] eat breakfast.
Liam often eats breakfast.
리암은 / 자주 / 아침을 먹는다.

③ 미아는 / 가끔 / 수영하러 간다.
Mia sometimes goes swimming.
We [usually] go swimming in
the evening. 우리는 / 대개 / 수영하러 간다 / 저녁에.

④ 그는 / 가끔 / 쇼핑하러 간다.
He [sometimes] goes shopping.
They usually go shopping on
Sunday. 그들은 / 대개 / 쇼핑하러 간다 / 일요일에.

⑤ 그녀는 / 자주 / 피아노를 친다.
She often plays the piano.
They [never] play the piano.
그들은 / 절대 ~ 않다 / 피아노를 친다.
(그들은 절대 피아노를 치지 않는다)

⑥ 잭은 / 자주 / 축구를 한다.
Jack [often] plays soccer.
We never play soccer.
우리는 / 절대 ~ 않다 / 축구를 한다.
(우리는 절대 축구를 하지 않는다)

⑦ 에바는 / 절대 ~ 않다 / 텔레비전을 본다.
Ava never watches TV.
You [sometimes] watch TV.
너는 / 가끔 / 텔레비전을 본다.

⑧ 그녀는 / 절대 ~ 않다 / 영화를 본다.
She [never] watches a movie.
I sometimes watch a movie.
나는 / 가끔 / 영화를 본다.

단계 3

영작이 되면 이 영문법은 OK!

그들은 1시에 점심을 먹는다.

❶ 우리는 7시30분에 등교한다.
We [go] to school [at] 7:30.

❷ 에바는 7시30분에 등교한다.
Ava goes to school [at] 7:30.

❸ 에바는 7시30분에 수영하러 간다.
Ava [goes] swimming [at] 7:30.

❹ 에바는 오전에 수영하러 간다.
Ava goes swimming [in] the [morning].

❺ 그들은 오전에 수영하러 간다.
They [go] swimming in the morning.

❻ 그들은 오전에 피아노를 친다.
They [play] the piano [in] the morning.

❼ 그들은 금요일에 피아노를 친다.
They play the piano on Friday.

❽ 그는 금요일에 피아노를 친다.
He [plays] the [piano] on Friday.

❾ 그는 1시에 피아노를 친다.
He [plays] the piano at 1:00.

❿ 그는 1시에 점심을 먹는다.
He [has] lunch [at] 1:00.

⓫ 그녀는 1시에 점심을 먹는다.
She has lunch at 1:00.

⓬ 그들은 1시에 점심을 먹는다.
They have lunch at 1:00.

확인 문제
▶ 괄호 안에서 알맞은 말을 고르세요.
1. We play baseball (at / (on) / in) Thursday.
2. Mom goes shopping (at / on / (in)) the afternoon.

34

3과

영작이 되면 이 영문법은 OK!

잭은 토요일에 절대 텔레비전을 보지 않는다.

① 그는 항상 오후에 수영하러 간다.
He [always] goes swimming [in] [the] [afternoon] .

② 그녀는 항상 오후에 수영하러 간다.
She always goes [swimming] in the afternoon.

③ 그녀는 항상 오후에 영어를 공부한다.
She [always] [studies] English in the afternoon.

④ 그녀는 항상 저녁에 영어를 공부한다.
She [always studies English] [in] the evening.

⑤ 그녀는 보통(대개) 저녁에 영어를 공부한다.
She usually [studies] [English] in the evening.

⑥ 나는 보통(대개) 저녁에 영어를 공부한다.
I usually study English in the evening.

⑦ 나는 보통(대개) 저녁에 피아노를 친다.
I [usually] play the piano [in] [the] [evening] .

⑧ 나는 보통(대개) 토요일에 피아노를 친다.
I usually [play] [the] [piano] on Saturday.

⑨ 나는 토요일에 절대 피아노를 치지 않는다.
I never play the piano on Saturday.

⑩ 나는 토요일에 절대 텔레비전을 보지 않는다.
I never watch TV [on] [Saturday] .

⑪ 잭은 토요일에 절대 텔레비전을 보지 않는다.
Jack [never] [watches] [TV] on Saturday.

2단계 쓰다 보면 문법이 저절로!

잭은 가끔 우유를 마신다.

① 잭은 / 가끔 / 우유를 마신다.
Jack [sometimes] drinks [milk] .

② 그는 / 가끔 / 우유를 마신다.
He sometimes [drinks] milk.

③ 그는 / 가끔 / 기타를 친다.
He [sometimes] plays the guitar.

④ 나는 / 가끔 / 기타를 친다.
I sometimes play the guitar.

⑤ 나는 / 자주 / 기타를 친다.
I often [play] [the] [guitar] .

⑥ 나는 / 자주 / 컬링하러 간다.
I often [go curling] .

⑦ 미아는 / 자주 / 컬링하러 간다.
Mia [often] goes [curling] .

⑧ 미아는 / 절대 ~ 않다 / 컬링하러 간다.
Mia never goes curling.

⑨ 미아는 / 절대 ~ 않다 / 텔레비전을 본다.
Mia [never] watches TV.

⑩ 우리는 / 절대 ~ 않다 / 텔레비전을 본다.
We never watch TV.

꿀팁 play (악기를) 연주하다
play가 악기와 함께 쓰이면 그 '악기를 연주하다'라는 뜻이 돼요.
<play+the+악기명>
play the guitar 기타를 치다.
play the piano 피아노를 치다.
play the violin 바이올린을 연주하다.

A B 내가 하는 문법 정리!

▶ 우리말을 보고 영어로 쓰세요.

1. 보통, 대개 [usually]
2. 절대 ~ 않다 [never]
3. 가끔 [sometimes]
4. 종종 [often]
5. 항상 [always]

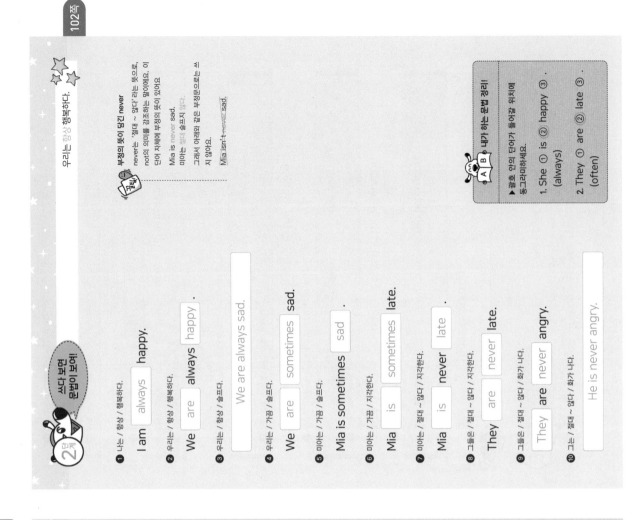

2단계 쓰다 보면 문법이 보여!

우리는 항상 행복하다.

① 나는 / 항상 / 행복하다.
I am always happy.

② 우리는 / 항상 / 행복하다.
We are always happy.

③ 우리는 / 항상 / 슬프다.
We are always sad.

④ 우리는 / 가끔 / 슬프다.
We are sometimes sad.

⑤ 미아는 / 가끔 / 슬프다.
Mia is sometimes sad.

⑥ 미아는 / 가끔 / 지각한다.
Mia is sometimes late.

⑦ 미아는 / 절대 ~ 않다 / 지각한다.
Mia is never late.

⑧ 그들은 / 절대 ~ 않다 / 지각한다.
They are never late.

⑨ 그들은 / 절대 ~ 않다 / 화가 나다.
They are never angry.

⑩ 그는 / 절대 ~ 않다 / 화가 나다.
He is never angry.

부정의 뜻이 담긴 never
never는 '절대 ~ 않다' 라는 뜻으로, not의 의미를 강조하는 말이에요. 이 단어 자체에 부정의 뜻이 있어요
Mia is never sad.
미아는 절대 슬프지 않다.
그래서 아래와 같은 부정문으로는 쓰지 않아요.
Mia isn't never sad.

내가 하는 문법 정리!
▶괄호 안의 단어가 들어갈 위치에 동그라미하세요.
1. She ① is ② happy ③ . (always)
2. They ① are ② late ③ . (often)

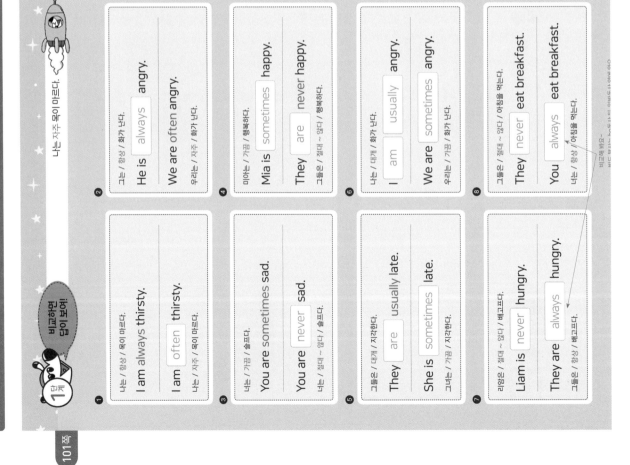

23 | 그녀는 가끔 늦는다. She is sometimes late.

1단계 비교하면 단어가 보여!

그녀는 가끔 늦는다. She is sometimes late.
나는 자주 목이 마르다.

① 나는 / 항상 / 목이 마르다.
I am always thirsty.
나는 / 자주 / 목이 마르다.
I am often thirsty.

② 그는 / 항상 / 화가 나다.
He is always angry.
우리는 / 자주 / 화가 나다.
We are often angry.

③ 나는 / 가끔 / 슬프다.
You are sometimes sad.
나는 / 절대 ~ 않다 / 슬프다.
You are never sad.

④ 미아는 / 가끔 / 행복하다.
Mia is sometimes happy.
그들은 / 절대 ~ 않다 / 행복하다.
They are never happy.

⑤ 그들은 / 대개 / 지각한다.
They are usually late.
그녀는 / 가끔 / 지각한다.
She is sometimes late.

⑥ 나는 / 대개 / 화가 나다.
I am usually angry.
우리는 / 가끔 / 화가 나다.
We are sometimes angry.

⑦ 리암은 / 절대 ~ 않다 / 배고프다.
Liam is never hungry.
그들은 / 항상 / 배고프다.
They are always hungry.

⑧ 그들은 / 절대 ~ 않다 / 아침을 먹는다.
They never eat breakfast.
너는 / 항상 / 아침을 먹는다.
You always eat breakfast.

36

나는 수영하러 가지 않는다.

비교하면 단어 보여!

1단계

① 나는 / 좋아한다 / 그를.
I like him.
I [do] [not] like him.
나는 / 좋아하지 않는다 / 그를.

② 그녀는 / 좋아한다 / 그를.
She likes him.
She [does] [not] like him.
그녀는 / 좋아하지 않는다 / 그를.

③ 나는 / 수영하러 간다.
You go swimming.
You [do] [not] [go] swimming. 나는 / 수영하러 가지 않는다.

④ 그는 / 수영하러 간다.
He goes swimming.
He [does] [not] [go] swimming. 그는 / 수영하러 가지 않는다.

⑤ 우리는 / 본다 / 영화를.
We watch a movie.
We [do] [not] watch a movie. 우리는 / 보지 않는다 / 영화를.

⑥ 에바는 / 본다 / 영화를.
Ava watches a movie.
Ava [does] [not] watch a movie. 에바는 / 보지 않는다 / 영화를.

⑦ 그들은 / 공부한다 / 영어를.
They study English.
They [do] [not] study English. 그들은 / 공부하지 않는다 / 영어를.

⑧ 리암은 / 공부한다 / 영어를.
Liam studies English.
Liam [does] [not] study English. 리암은 / 공부하지 않는다 / 영어를.

영작이 되면 이 문장은 OK!

3단계

잭은 절대 슬프지 않다.

① 나는 대개 지각한다.
I am [usually] late.

② 나는 대개 화가 난다.
I [am] usually angry.

③ 나는 자주 화가 난다.
I am often [angry] .

④ 그녀는 자주 화가 난다.
She is often angry.

⑤ 그녀는 자주 배가 고프다.
She is [often] hungry.

⑥ 그녀는 가끔 배가 고프다.
She [is] sometimes [hungry] .

⑦ 우리는 가끔 배가 고프다.
We [are] sometimes [hungry] .

⑧ 우리는 가끔 목이 마르다.
We are [sometimes] thirsty.

⑨ 우리는 항상 목이 마르다.
We are always thirsty.

⑩ 잭은 항상 목이 마르다.
Jack [is] [always] thirsty.

⑪ 잭은 항상 슬프다.
[Jack] is always sad.

⑫ 잭은 절대 슬프지 않다.
Jack is never sad.

▶ 괄호 안의 단어를 바르게 배열하세요.

확인 문제

1. (thirsty / are / They / sometimes) → ___ They are sometimes thirsty. ___

2. (never / You / late / are) → ___ You are never late. ___

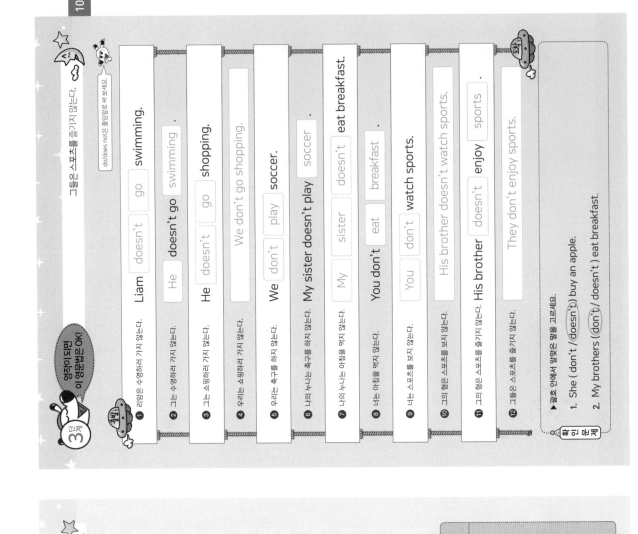

영작이 되면 이 영문으로 OK!

3단계

그들은 스포츠를 즐기지 않는다.

do/does not은 줄임말로 써 보세요.

① 라임은 수영하러 가지 않는다. Liam doesn't go swimming.
② 그는 수영하러 가지 않는다. He doesn't go swimming .
③ 그는 쇼핑하러 가지 않는다. He doesn't go shopping.
④ 우리는 쇼핑하러 가지 않는다. We don't go shopping.
⑤ 우리는 축구를 하지 않는다. We don't play soccer.
⑥ 나의 누나는 축구를 하지 않는다. My sister doesn't play soccer .
⑦ 나의 누나는 아침을 먹지 않는다. My sister doesn't eat breakfast.
⑧ 너는 아침을 먹지 않는다. You don't eat breakfast .
⑨ 너는 스포츠를 보지 않는다. You don't watch sports.
⑩ 그의 형은 스포츠를 보지 않는다. His brother doesn't watch sports.
⑪ 그의 형은 스포츠를 즐기지 않는다. His brother doesn't enjoy sports .
⑫ 그들은 스포츠를 즐기지 않는다. They don't enjoy sports.

확인문제

▶ 괄호 안에서 알맞은 말을 고르세요.

1. She (don't / (doesn't)) buy an apple.
2. My brothers ((don't) / doesn't) eat breakfast.

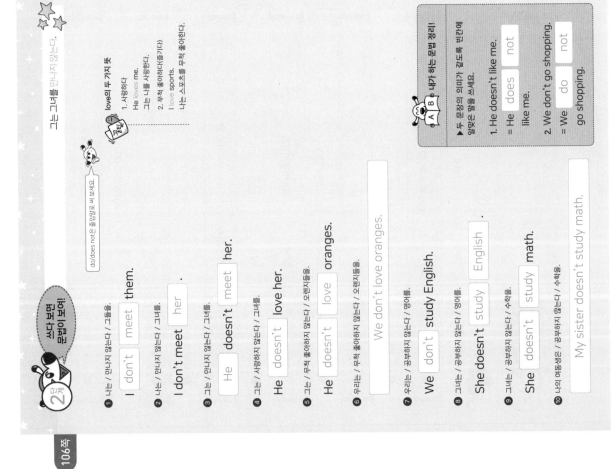

2단계

쓰다 보면 문법이 이뻐에!

그는 그녀를 만나지 않는다.

do/does not은 줄임말로 써 보세요.

① 나는 / 만나지 않는다 / 그들을. I don't meet them.
② 나는 / 만나지 않는다 / 그녀를. I don't meet her .
③ 그는 / 만나지 않는다 / 그녀를. He doesn't meet her.
④ 그는 / 사랑하지 않는다 / 그녀를. He doesn't love her.
⑤ 그는 / 무척 좋아하지 않는다 / 오렌지들을. He doesn't love oranges.
⑥ 우리는 / 무척 좋아하지 않는다 / 오렌지들을. We don't love oranges.
⑦ 우리는 / 공부하지 않는다 / 영어를. We don't study English.
⑧ 그녀는 / 공부하지 않는다 / 영어를. She doesn't study English .
⑨ 그녀는 / 공부하지 않는다 / 수학을. She doesn't study math.
⑩ 나의 여동생은 / 공부하지 않는다 / 수학을. My sister doesn't study math.

포인트
love의 두 가지 뜻
1. 사랑하다
He loves me.
그는 나를 사랑한다.
2. 무척 좋아하다(즐기다)
I love sports.
나는 스포츠를 무척 좋아한다.

A=B 내가 하는 문법 정리!

▶ 두 문장의 의미가 같도록 빈칸에 알맞은 말을 쓰세요.

1. He doesn't like me.
= He does not like me.

2. We don't go shopping.
= We do not go shopping.

25 | 너는 책을 읽니? Do you read a book?

단계 1

비교하면 단어가 보여!

그들은 12시에 점심을 먹니?

① 너는 읽는다 / 책을.
You read a book.
Do you read a book?
~하니 / 너는 / 읽다 / 책을?

② 응, / 나도 그래.
Yes , I do.
No, I don't.
아니, / 나도 안 그래.

③ 그들은 / 먹는다 / 점심을 / 12시에.
They have lunch at 12:00.
Do they have lunch at 12:00?
~하니 / 그들은 / 먹다 / 점심을 / 12시에?

④ 응, / 그들은 그래.
Yes, they do .
No , they don't.
아니, / 그들은 안 그래.

⑤ 아기들은 / 자주 / 운다.
Babies often cry.
Do babies often cry ?
~하니 / 아기들은 / 자주 / 울다?

⑥ 응, / 그들은 그래.
Yes , they do.
No , they don't
아니, / 그들은 안 그래.

⑦ 너는 / 씻는다 / 네 손을.
You wash your hands.
Do you wash your hands?
~하니 / 너는 / 씻다 / 네 손을?

⑧ 응, / 나도 그래.
Yes, I do .
No, I don't .
아니, / 나도 안 그래.

109쪽

110쪽

단계 2

써다 보면 문법이 보여!

너는 자주 책을 사니?

① ~하니 / 너는 / 자주 / 책을 사다?
Do you often buy books?
응, / 나도 그래.
Yes, I do .

② ~하니 / 그들은 / 자주 / 책을 사다?
Do they often buy books ?
응, / 그들은 그래.
Yes , they do.

③ ~하니 / 그들은 / 자주 / 우유를 사다?
Do they often buy milk?
아니, / 그들은 안 그래.
No, they don't.

④ ~하니 / 그들은 / 자주 / 우유를 마시다?
Do they often drink milk?
응, / 그들은 그래.
Yes, they do .

⑤ ~하니 / 너희들은 / 자주 / 우유를 마시다?
Do you often drink milk ?
아니, / 우리는 안 그래.
No , we don't

⑥ ~하니 / 너희들은 / 가끔 / 우유를 마시다?
Do you sometimes drink milk?
응, / 우리는 그래.
Yes, we do.

⑦ ~하니 / 너는 / 가끔 / 주스를 마시다?
Do you sometimes drink juice?
아니, / 나도 안 그래.
No , I don't.

⑧ ~하니 / 너는 / 항상 / 주스를 마시다?
Do you always drink juice ?
응, / 나도 그래.
Yes, I do.

⑨ ~하니 / 너는 / 항상 / 네 손을 씻다?
Do you always wash your hands?
아니, / 나도 안 그래.
No, I don't

⑩ ~하니 / 너는 / 대개 / 네 손을 씻다?
Do you usually wash your hands?
아니, / 나도 안 그래.
No, I don't

39

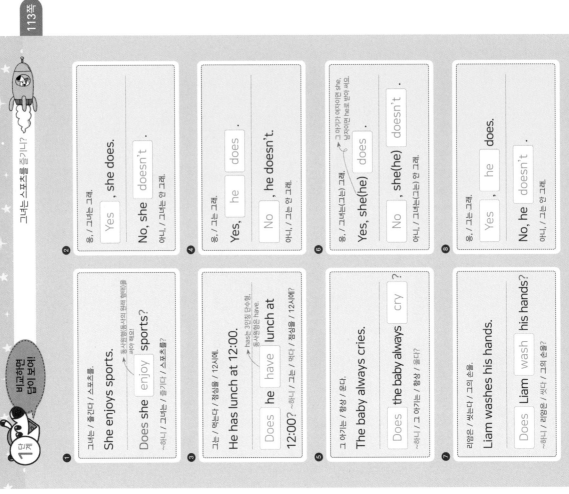

그녀는 스포츠를 즐기니?

① 그녀는 / 즐기다 / 스포츠를.
She enjoys sports.
Does she [enjoy] sports?
~하니 / 그녀는 / 즐기다 / 스포츠를?

② 응. / 그녀는 그래.
[Yes] , she does.
No, she [doesn't] .
아니 / 그녀는 / 그녀는 안 그래.

③ 그는 / 먹는다 / 점심을 / 12시에.
He has lunch at 12:00.
Does [he] [have] lunch at 12:00?
~하니 / 그는 / 먹다 / 점심을 / 12시에?

④ 응. / 그는 그래.
Yes, [he] [does] .
No , he doesn't.
아니 / 그는 그래.

⑤ 그 아기는 / 항상 / 운다.
The baby always cries.
Does the baby always [cry] ?
~하니 / 그 아기는 / 항상 / 울다?

⑥ 응. / 그녀는(그는) 그래.
Yes, she(he) [does] .
No , she(he) [doesn't] .
아니 / 그녀는(그는) 안 그래.

⑦ 리암은 / 씻는다 / 그의 손을.
Liam washes his hands.
Does Liam [wash] his hands?
~하니 / 리암은 / 씻다 / 그의 손을?

⑧ 응. / 그는 그래.
Yes, [he] does.
No, he [doesn't] .
아니 / 그는 안 그래.

너는 12시에 점심을 먹니?

① 아기들은 대개 우니?
[Do] babies usually cry?
아니, 그들은 안 그래.
No, they [don't] .

② 아기들은 자주 우니?
Do [babies] [often] [cry] ?
응. 그들은 그래.
Yes, [they] [do] .

③ 너는 자주 우니?
Do you often cry?

④ 너는 자주 책을 읽니?
Do [you] [often] [read] [a] book?
아니, 나는 안 그래.
No, [I] [don't] .

⑤ 너는 가끔 책을 읽니?
Do you [sometimes] [read] [a] [book] ?
예 Yes, I do.

⑥ 그들은 가끔 책을 읽니?
Do [they] sometimes read a book?
응. 그들은 그래.
Yes , they [do] .

⑦ 그들은 책을 읽니?
Do they read a book?
아니, 그들은 안 그래.
No , they don't.

⑧ 그들은 점심을 먹니?
Do [they] have lunch?
응. 그들은 그래.
Yes , they [do] .

⑨ 그들은 12시에 점심을 먹니?
Do they have lunch at 12:00?
아니, 그들은 안 그래.
No, they [don't] .

⑩ 너는 12시에 점심을 먹니?
Do you [have] [lunch] at 12:00?
응. 나는 그래.
Yes , I do.

3단계
영작이 되면 이 영문법은 OK!

네 누나들은 7시에 저녁을 먹니?

① 그녀는 영어를 공부하니?
Does she study English?

② 네 언니는 영어를 공부하니?
Does your sister study English?

③ 네 오빠는 영어를 공부하니?
Does your brother study English?

④ 네 오빠는 스포츠를 즐기니?
Does your brother enjoy sports?

⑤ 리암은 스포츠를 즐기니?
Does Liam enjoy sports?

⑥ 리암은 오후에 야구를 하니?
Does Liam play baseball in the afternoon?

⑦ 그녀는 오후에 야구를 하니?
Does she play baseball in the afternoon?

⑧ 그녀는 저녁에 야구를 하니?
Does she play baseball in the evening?

⑨ 그녀는 1시에 점심을 먹니?
Does she have lunch at 1:00?

⑩ 네 누나는 1시에 점심을 먹니?
Does your sister have lunch at 1:00?

⑪ 네 누나는 7시에 저녁을 먹니?
Does your sister have dinner at 7:00?

⑫ 네 누나들은 7시에 저녁을 먹니? Do your sisters have dinner at 7:00?

네 누나들은 여러 명(복수)이므로 Do로 질문해요.

확인문제
▶괄호 안에서 알맞은 말을 고르세요.
1. (Do / Does) she enjoy sports?   2. (Do / Does) Liam study English?
3. (Do / Does) your brother watch TV?   4. (Do / Does) your sisters go shopping?

2단계
문법이 보이는 쓰기

리암은 자주 쇼핑하러 가니?

① ~하니 / 리암은 / 자주 / 쇼핑하러 가다?
Does Liam often go shopping?
응 / 그는 그래. Yes , he does.

② ~하니 / 그는 / 자주 / 쇼핑하러 가다?
Does he often go shopping ?
아니, / 그는 안 그래. No, he doesn't.

③ ~하니 / 그는 / 자주 / 수영하러 가다?
Does he often go swimming ?
응, / 그는 그래. Yes, he does .

④ ~하니 / 그녀는 / 자주 / 수영하러 가다?
Does she often go swimming ?
아니, / 그녀는 안 그래. No, she doesn't .

⑤ ~하니 / 그녀는 / 수영하러 가다 / 일요일에?
Does she go swimming on Sunday ?
응 / 그녀는 그래. Yes, she does.

⑥ ~하니 / 그녀는 / 낮잠을 자다 / 일요일에?
Does she take a nap on Sunday ?
아니, / 그녀는 안 그래. No, she doesn't .

⑦ ~하니 / 에바는 / 낮잠을 자다 / 일요일에?
Does Ava take a nap on Sunday ?
응 / 그녀는 그래. Yes, she does .

⑧ ~하니 / 에바는 / 텔레비전을 보다 / 일요일에?
Does Ava watch TV on Sunday ?
아니, / 그녀는 안 그래. No , she doesn't.

⑨ ~하니 / 리암은 / 텔레비전을 보다 / 일요일에?
Does Liam watch TV on Sunday?
응, / 그는 그래. Yes , he does .

⑩ ~하니 / 리암은 / 텔레비전을 보다 / 금요일에?
Does Liam watch TV on Friday?
아니, / 그는 안 그래. No , he doesn't.

27 | 시험에는 이렇게 나온다

시험에는 이렇게 나온다
17~26과 복습

맞힌 개수 /25개

1. 다음 동사를 주어가 He/She/It일 때 쓰는 형태로 바꿔 쓰세요.

1) love → loves
2) cry → cries
3) watch → watches
4) have → has
5) go → goes
6) study → studies

[2~4] 우리말을 보고 빈칸에 알맞은 말을 쓰세요.

2. 나는 그를 좋아한다. I like him .
3. 너는 그녀를 사랑하니? Do you love her ?
4. 우리는 그것들을 원한다. We want them .

[5~6] 다음 질문을 보고 문장을 완성하세요.

다음 사람들은 언제 무엇을 하나요?

5. She goes to school at 7:30.

6. He watches TV in the evening.

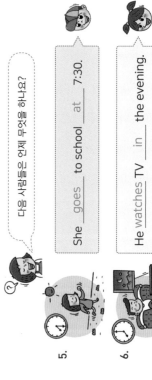

[7~8] 빈칸에 알맞은 말을 고르세요.

7. Does he _____ English?
① study ② studys ③ studies

8. We _____ want it.
① aren't ② don't ③ doesn't

9. <보기>에서 알맞은 동사를 찾아 빈칸에 쓰세요.

<보기> play eat

1) We eat dinner at 6:00.
2) I play the piano on Monday.

[10~12] 밑줄 친 부분을 바르게 고쳐 쓰세요.

10. Mom never is angry. → is never
11. Jack don't makes a cake. → doesn't make
12. We buys an ice cream. → buy

[13~14] 우리말과 일치하도록 빈칸에 알맞은 말을 쓰세요.

13. 나는 사과를 하나 가지고 있다. → I ___have___ an apple.

14. 리암은 절대 늦지 않는다. → Liam is ___never___ late.

[15~17] 빈칸에 알맞지 <u>않은</u> 말을 고르세요.

15. _____ play the guitar.

① My sister ② You ③ Liam and Jack

16. She loves _____ .

① you ② his ③ us

17. Her brothers _____ sports.

① play ② watch ③ likes

[18~19] 괄호 안에서 알맞은 말을 고르세요.

18. Ava (don't / (doesn't)) take a nap.

19. They ((don't) / doesn't) go curling.

[20~21] 다음 문장을 물어보는 문장으로 바꿔 쓰세요.

20. You wash oranges. → ___Do you wash oranges?___

21. He enjoys movies. → ___Does he enjoy movies?___

[22~23] 우리말과 일치하도록 괄호 안의 단어를 바르게 배열하세요.

22. 미아는 자주 배가 고프다. (hungry / often / is / Mia)

___Mia is often hungry.___

23. 그의 친구는 피아노를 친다. (plays / the piano / His friend)

___His friend plays the piano.___

[24~25] 그림을 보고 질문에 알맞은 대답을 쓰세요.

24.

A: Do they watch TV?

B: ___Yes___ , they ___do___ .

25.

A: Does she have lunch at 1:00?

B: No, she ___doesn't___ .

28 문장으로 영문법 총정리 01~26과 복습

28.mp3

△ be동사, There is/are ~ 문장 완성하기

❶ 나는 게이머이다. I [am] a gamer.

❷ 나는 게이머가 아니다. I am [not] a gamer.

❸ 우리는 게이머들이 아니다. We [are] [not] gamers.

❹ 우리는 유튜버들이 아니다. We [are] not YouTubers.

❺ 그들은 유튜버들이 아니다. They are not YouTubers.

❻ 그녀의 오빠는 유튜버가 아니다. Her brother [is] not a YouTuber.

❼ 그녀의 오빠는 배가 고프지 않다. Her brother is [not] hungry.

❽ 그녀의 오빠는 배가 고프다. Her [brother] is hungry.

❾ 그녀의 오빠는 배가 고프니? [Is] her brother [hungry] ?

❿ 너는 배가 고프니? Are you hungry?

⓫ 너는 행복하니? Are [you] happy?

⓬ 너는 항상 행복하니? Are you always [happy] ?

⓭ 그는 항상 행복하니? [Is] [he] [always] happy?

⓮ 그들은 항상 행복하니? Are [they] always happy?

⓯ 그들은 행복하니? Are they happy?

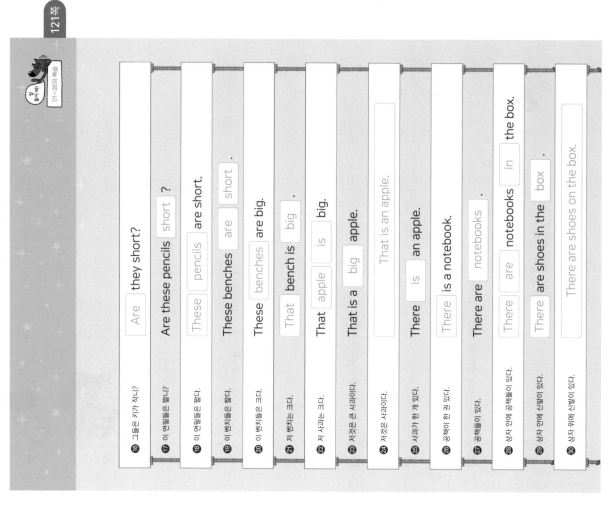

01~26과 복습

⓰ 그들은 키가 작니? [Are] they short?

⓱ 이 연필들은 짧니? Are these pencils [short] ?

⓲ 이 연필들은 짧다. [These] [pencils] are short.

⓳ 이 벤치들은 짧다. These benches [are] [short] .

⓴ 이 벤치들은 크다. These [benches] are big.

㉑ 저 벤치는 크다. That [bench is] [big] .

㉒ 저 사과는 크다. That [apple] [is] big.

㉓ 저것은 큰 사과이다. That is a [big] apple.

㉔ 저것은 사과이다. [That is an apple.]

㉕ 사과가 한 개 있다. There [is] an apple.

㉖ 공책이 한 권 있다. [There] is a notebook.

㉗ 공책들이 있다. There are [notebooks] .

㉘ 상자 안에 공책들이 있다. [There] [are] notebooks [in] the box.

㉙ 상자 안에 신발이 있다. [There] are shoes in the [box] .

㉚ 상자 위에 신발이 있다. [There are shoes on the box.]

28

문장으로 영문법 총정리 01~26과 복습

△ 일반동사 문장 완성하기

① 나는 오렌지 한 개를 먹는다.   I [eat] an orange.

② 나의 언니는 오렌지 한 개를 먹는다.   My sister eats [an] [orange] .

③ 나의 언니는 바나나 한 개를 먹는다.   My sister [eats] a banana.

④ 나의 언니는 바나나 한 개를 산다.   My sister buys a [banana] .

⑤ 나의 언니는 작은 바나나들을 산다.   [My] [sister] [buys] small bananas.

⑥ 우리는 작은 바나나들을 산다.   We buy small bananas.

⑦ 우리는 작은 접시들을 산다.   [We] [buy] small [dishes] .

⑧ 우리는 작은 접시들을 찾고 있다.   We [have] small [dishes] .

⑨ 우리는 접시들을 찾고 있지 않다.   We [don't] have dishes.   (do not은 줄임말로 써보세요.)

⑩ 그녀는 접시들을 찾고 있지 않다.   She [doesn't] have dishes.

⑪ 그녀는 점심을 먹지 않는다.   She does not(doesn't) have lunch.

⑫ 그녀는 12시에 점심을 먹는다.   She has [lunch] at 12:00.

⑬ 그는 12시에 점심을 먹는다.   He [has] lunch at 12:00.

⑭ 그는 12시에 수영하러 간다.   He goes swimming [at] 12:00.

⑮ 그는 오전에 수영하러 간다.   He [goes] swimming [in the morning].

⑯ 그는 오전에 수영하러 가니?   [Does] he go swimming [in] the morning?

⑰ 그는 오전에 야구를 하니?   Does [he] play baseball in the [morning] ?

⑱ 그는 오후에 야구를 하니?   Does he [play] [baseball] in the afternoon?

⑲ 너는 오후에 야구를 하니?   Do you play baseball in the afternoon?

⑳ 너는 오후에 그들을 만나니?   Do [you] meet them [in] the afternoon?

㉑ 너는 일요일에 그들을 만나니?   Do you [meet] [them] on Sunday?

㉒ 너는 일요일에 그를 만나니?   Do [you] meet him [on] [Sunday] ?

㉓ 나는 일요일에 그를 만난다.   You [meet] [him] on Sunday.

㉔ 그녀는 일요일에 그를 만난다.   She [meets] [him] on Sunday.

㉕ 그녀는 일요일에 영어를 공부한다.   She studies English on Sunday.

㉖ 그녀는 자주 영어를 공부한다.   She often [studies] English.

㉗ 그녀는 자주 수학을 공부한다.   She [often] studies math.

㉘ 그녀는 자주 기타를 친다.   She often [plays] the guitar.

㉙ 나는 자주 기타를 친다.   I often [play] [the] [guitar] .

㉚ 나는 가끔 기타를 친다.   I sometimes play the guitar.

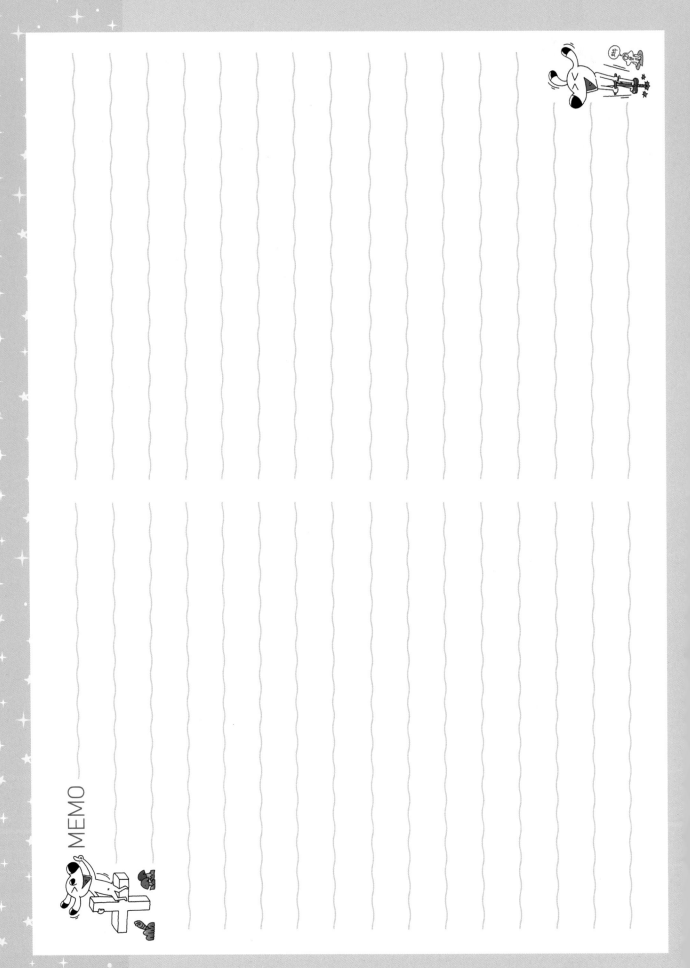

MEMO

바빠

읽는 재미를 높인 초등 문해력 향상 프로그램
바빠 독해 (전 6권)

비문학 지문도 재미있게 읽을 수 있어요!
바빠 독해 1~6단계

각 권 9,800원

• **초등학생이 직접 고른 재미있는 이야기들!**
- 연구소의 어린이가 읽고 싶어 한 흥미로운 이야기만 골라 담았어요.
- 1단계 | 이솝우화, 과학 상식, 전래동화, 사회 상식
- 2단계 | 이솝우화, 과학 상식, 전래동화, 사회 상식
- 3단계 | 탈무드, 교과 과학, 생활문, 교과 사회
- 4단계 | 수담 동화, 교과 과학, 생활문, 교과 사회
- 5단계 | 고사성어, 교과 과학, 생활문, 교과 사회
- 6단계 | 고사성어, 교과 과학, 생활문, 교과 사회

• **읽다 보면 나도 모르게 교과 지식이 쑥쑥!**
- 다채로운 주제들을 읽다 보면 초등 교과 지식이 쌓이도록 설계
- 초등 교과서(국어, 사회, 과학)와 100% 일치 연계! 제때 학교 공부에도 직접 도움이 돼요.

• **문당 영재사랑 연구소 지도 비법 대공개!**
- 종합력, 이해력, 추론 능력, 분석력, 문법까지 한 번에 OK!
- 초등학생 눈높이에 맞춘 수능형 문항을 담았어요!

• **초등학교 방과 후 교재로 인기!**
- 아이들이 눈을 번쩍 뜨게 할 호기심 넘치는 재미있고 유익한 교재!
(남샘 초등학교 방과 후 교사, 동화작가 강민숙 선생님 추천)

3-4 단계 | 3~4학년

1-2 단계 | 1~2학년

5-6 단계 | 5~6학년

16년간 어린이들을 맞춤 지도한 호사라 박사의 독해력 처방전!

"초등학생 취향 저격!
모든 어린이가 쉽게 문해력을 기울 수 있는
즐거운 활동을 선별했어요!"

★ 서울대학교 교육학 학사 및 석사
★ 버지니아 대학교(University of Virginia) 영재 교육학 박사

분당에 영재사랑 교육연구소를 설립하여 유년기(6세~13세) 영재들을 위한 논술, 수리, 탐구 프로그램을 16년째 직접 개발하며 수업을 진행하고 있어요.

영재 교육 선생님들의 호사라 박사

개정판!

전 세계 어린이들이 가장 많이 읽는

영어동화 100편 시리즈

원어민 음원 QR 제공

더 경제적!

위인동화 | 각 권 16,800원 | 세트 49,000원

위인동화

과학동화

명작동화

명작동화부터 과학, 위인동화까지!

첫 영어 리딩, 영어동화 100편 시리즈로
흥미진진하게 시작해요!

영역별 연산책 바빠 연산법
방학 때나 학습 결손이 생겼을 때~

· 바쁜 1·2학년을 위한 빠른 **덧셈**
· 바쁜 1·2학년을 위한 빠른 **뺄셈**
· 바쁜 초등학생을 위한 빠른 **구구단**
· 바쁜 초등학생을 위한
  빠른 **시계와 시간**

· 바쁜 초등학생을 위한
  빠른 **길이와 시간 계산**
· 바쁜 3·4학년을 위한 빠른 **덧셈/뺄셈**
· 바쁜 3·4학년을 위한 빠른 **곱셈**
· 바쁜 3·4학년을 위한 빠른 **나눗셈**
· 바쁜 3·4학년을 위한 빠른 **분수**
· 바쁜 3·4학년을 위한 빠른 **소수**
· 바쁜 3·4학년을 위한 빠른 **방정식**

· 바쁜 5·6학년을 위한 빠른 **곱셈**
· 바쁜 5·6학년을 위한 빠른 **나눗셈**
· 바쁜 5·6학년을 위한 빠른 **분수**
· 바쁜 5·6학년을 위한 빠른 **소수**
· 바쁜 5·6학년을 위한 빠른 **방정식**
· 바쁜 초등학생을 위한 빠른
  **약수와 배수, 평면도형 계산,
  입체도형 계산, 자연수의 혼합 계산,
  분수와 소수의 혼합 계산, 비와 비례,
  확률과 통계**

바빠 국어/ 급수한자
초등 교과서 필수 어휘와 문해력 완성!

· 바쁜 초등학생을 위한 빠른 **맞춤법 1**
· 바쁜 초등학생을 위한
  빠른 **급수한자 8급**
· 바쁜 초등학생을 위한 빠른 **독해 1, 2**

· 바쁜 초등학생을 위한 빠른 **독해 3, 4**
· 바쁜 초등학생을 위한 빠른 **맞춤법 2**
· 바쁜 초등학생을 위한
  빠른 **급수한자 7급 1, 2**

· 바쁜 초등학생을 위한
  빠른 **급수한자 6급 1, 2, 3**
· 보일락 말락~ 바빠 급수한자판
  + 6·7·8급 모의시험

· 바빠 급수 시험과 어휘력 잡는
  초등 한자 총정리
· 바쁜 초등학생을 위한 빠른 **독해 5, 6**

재미있게 읽다 보면
나도 모르게
교과 지식까지 쑥쑥!

바빠 영어
우리 집, 방학 특강 교재로 인기 최고!

· 바쁜 초등학생을 위한 빠른 **알파벳 쓰기**
· 바쁜 초등학생을 위한
  빠른 **영단어 스타터 1, 2**
· 바쁜 초등학생을 위한
  빠른 **사이트 워드 1, 2**
· 바쁜 초등학생을 위한 빠른 **파닉스 1, 2**

· 전 세계 어린이들이 가장 많이 읽는
  영어동화 100편 : 명작/과학/위인동화
· 바빠 초등 영단어 — **3·4학년용**
· 바쁜 3·4학년을 위한 빠른 **영문법 1, 2**
· 바빠 초등 필수 **영단어**
· 바빠 초등 필수 **영단어 트레이닝**
· 바빠 초등 **영어 교과서 필수 표현**
· 바빠 초등 **영어 일기 쓰기**
· 바빠 초등 **영어 리딩 1, 2**

· 바빠 초등 **영단어 — 5·6학년용**
· 바빠 초등 **영문법 — 5·6학년용 1, 2, 3**
· 바빠 초등 **영어시제 특강 — 5·6학년용**
· 바빠 초등 문장의 5형식 **영작문**
· 바빠 초등 하루 5문장 **영어 글쓰기 1, 2**

바빠 초등 하루 5문장 영어 글쓰기 1~2권 | 각 권 15,000원

따라 쓰면 저절로 완성되는 핵심 패턴 기초 영작문

원어민 음원도 있어요!

초등 영어 교과서 문장 75개 패턴 수록

하버드 대학 리버스 교수의 '쓰기 지도 5단계'를 적용해, 혼자서도 쓸 수 있어요!

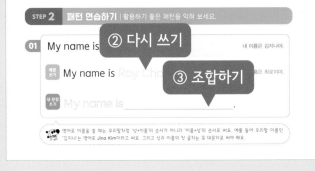

All abo ④ 유도 작문하기

Hi! My name is 이름

I am 나이+소년/소녀

⑤ 자유 쓰기
여자 아이는 girl, 남자 아이는 boy를 써요.

I live in 사는 곳

I have 가족

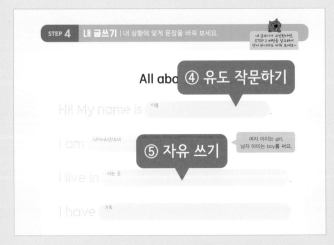

따라 쓰고, 패턴 연습하고, 다시 쓰면, 글 한 편이 뚝딱이네!